조선
언문
실록

고즈윈은 좋은책을 읽는 독자를 섬깁니다.
당신을 닮은 좋은책—고즈윈

조선언문실록

정주리 · 시정곤 지음

1판 1쇄 인쇄 | 2011. 3. 15.
1판 1쇄 발행 | 2011. 3. 25.
1판 2쇄 발행 | 2012. 8. 20.

발행처 | 고즈윈
발행인 | 고세규
신고번호 | 제313-2004-00095호
신고일자 | 2004. 4. 21.
(121-896) 서울특별시 마포구 동교로13길 34(서교동 474-13)
전화 02)325-5676 팩시밀리 02)333-5980

값은 표지에 있습니다.
ISBN 978-89-92975-50-6 03710

고즈윈은 항상 책을 읽는 독자의 기쁨을 생각합니다.
고즈윈은 좋은책이 독자에게 행복을 전한다고 믿습니다.

실록으로 보는 조선시대 사람들의 한글 사용기

조선언문실록

정주리 · 시정곤 지음

고즈윈
God's Win

펼치는 글

　조선은 우리에게 지나간 역사이다. 그러나 한글은 우리에게 현존하는 역사이다. 현존하는 역사를 더 잘 알기 위해 우리는 과거를 들여다본다. 한글은 우리의 문자로서 6백 년에 가까운 시간의 무게를 지녔다. 그 시간 속에 한글과 관련된 많은 이야기가 들어 있다. 그 이야기들은 한글이 겪어 온 역사이며 한글과 더불어 살다 간 선조들의 삶을 오롯이 보여 준다.

　조선 시대에 한글이 왕을 비롯하여 사대부와 왕실 여성, 그리고 일반 백성에 이르기까지 다양한 계층에서 사용되었다는 점은 잘 알려진 사실이다. 우리가 관심을 가진 것은 그렇다면 구체적으로 어떤 장면에서 어떻게 한글을 사용했을까 하는 점이다. 이 대목을 제대로 알아야만 우리 역사에서 한글이 갖는 가치와 의미를 온전히 파악할 수 있다고 믿는다. 이러한 점에서 이 책은 한글 생활사를 위한 기초 작업의 성격을 갖는다.

이 책은 '조선언문실록'이라는 제목이 암시하는 것처럼 〈조선왕조실록〉에서 한글과 관련된 이야기를 추려 내 엮은 것이다. 한글이 창제된 세종 25년(1443)부터 조선의 마지막 왕인 순종 때까지의 기록 중에서 한글과 관련된 사건과 정책, 교서, 상소 등의 내용을 뽑아내 구성하였다. 우리는 이를 통해 한글로 명명되기 이전, '언문'으로 불리던 우리 문자가 조선 백성들의 삶 속에서 어떻게 숨 쉬고 있었는지를 기록 영화를 보이듯 전하고 싶었다.

어떤 때는 사랑하는 임에게 띄우는 편지에 쓰이고, 어떤 때는 억울함을 호소하는 상소문에 쓰이고, 또 어떤 때는 암호 문자처럼 쓰이고, 또 어떤 때는 누군가를 고발하는 투서에 쓰이면서 삶 속에 녹아들어 간 한글의 모습을 생생하게 들여다보고 싶었다. 그러다 보니 이 책에는 사건, 스캔들과 관련된 이야기가 많이 담겨 있다. 한글 자체를 고찰하려는 의도가 아니라 역사 속에서 사람들이 한글을 어떻게 사용했는가를 보려 한 때문이다.

우리가 〈조선왕조실록〉을 주요 대상으로 삼은 이유는 먼저 그 기록의 연속성 때문이다. 〈조선왕조실록〉은 태조에서 순종까지 조선왕조의 역사를 각 왕별로 기록한 역사서이다. 5백여 년에 걸친 장구한 역사성을 지니고 있기에 〈실록〉은 조선 시대의 정치, 경제, 사회, 문화, 언어, 예술 등을 시기별로 들여다볼 수 있는 가장 중요한 기록 유산이다. 한글의 생활사도 그 기록의 연속성에 기대어 흐름을 살펴보아야 한다고 생각했다.

또 하나의 이유는 이 책의 이야기가 역사적 사실에만 근거하였다는
점을 강조하고 싶었기 때문이다. 생활 속의 한글 이야기를 쓰다 보면
자칫 사실이 아닌 허구의 내용이 개입될 여지가 많다. 당시의 장면을
생생하게 그려내고 싶은 욕심 때문이리라. 역사 기록이 생활의 모든
장면을 담을 수는 없는 것이기에 당연히 사건 속의 장면과 장면 사이
에는 괴리가 생길 수밖에 없다. 따라서 이를 통해 만든 이야기는 그
짜임새가 듬성듬성해지면서 읽는 재미가 덜하기 쉽다. 그럼에도 이 책
에서는 이야기의 재미에 앞서 사실에 초점을 맞추어 내용을 구성하려
고 노력했다. 그것이 한글 생활을 제대로 보여 줄 수 있는 첫걸음이라
믿었기 때문이다. 이 점을 독자들이 넓은 마음으로 이해해 주었으면
한다.

한글은 시대와 상황에 따라 '훈민정음, 언문, 한글' 등으로 다양하
게 불렸지만, 우리는 책의 제목을 '한글실록'이라 하지 않고 '언문실
록'이라 붙였다. 세종대왕이 새 문자 '훈민정음'을 창제할 때부터 〈실
록〉에는 '언문(諺文)'이라는 이름이 쓰였기 때문이다. 물론 '언문'이라
는 말이 언짢을 수도 있다. 〈실록〉에서는 중국의 한자를 '문자'로 부
르고 우리의 한글은 '언문'이라 하고 있어 그 명칭 안에 한글에 대한
비하와 중국에 대한 사대주의를 담고 있다고 볼 수도 있다. 하지만
이 책에서는 〈실록〉에 담긴 용어를 그대로 살린다는 뜻에서 '언문'을
사용하고 책 제목을 '조선언문실록'이라 하였다. 다만 본문에서는 '언
문', '훈민정음', '한글'이라는 용어를 번갈아 사용하였다. 문맥에 따
라 최적의 의미를 줄 수 있도록 하기 위해 용어를 굳이 통일하지는 않

았다.

〈실록〉에는 '언문'과 관련된 사건 상당수가 기록되어 있다. 그러나 안타깝게도 사건에 등장하는 언문 편지나 언문 상소, 언문 익명서의 구체적인 내용이 무엇인지는 소개되어 있지 않아 알 수 없다. 또 〈실록〉의 성격상 정치적이거나 왕실과 관련된 이야기, 중앙 지역의 사건들을 주로 다루고 있어 일반 백성과 관련된 내용이나 지방의 이야기를 다양하게 접할 수 없는 한계도 있다. 우리는 이러한 점을 극복하고자 〈실록〉에서 사건의 정황을 좀 더 구체적으로 살피고 다른 자료를 통해 그 역사적 맥락을 파악한 후에 한글이 정확히 어떤 대목에서 어떻게 쓰였는지를 쉽고 재미있게 전달하려고 노력했다.

이 책은 크게 다섯 부분으로 이루어져 있다. 언문 관련 사건들은 사용자의 신분이나 계층에 따라 언문을 사용한 목적과 내용에 차이가 났다. 사용자 층은 크게 왕과 왕족, 사대부와 관리, 왕실 여성, 백성으로 구분된다. 이에 따라 1장에서는 왕과 언문을, 2장에서는 사대부의 언문 사용을, 3장에서는 여성과 언문을, 4장에서는 백성과 언문 사용을 다루었다. 그리고 5장에서는 언문이 국문으로 되기까지의 과정에 있었던 다양한 언문 정책들을 살펴보았다.

그러다 보니 어떤 부분은 정치적인 내용이 다분하고, 어떤 부분은 형사 사건 기록물 같은 느낌이 들고, 어떤 부분은 연속극의 한 장면을 보는 것 같은 느낌이 난다. 이는 각 사건에 대한 기록이 지닌 성격이 서로 매우 다르기 때문이다. 이들 사건의 공통점은 〈실록〉에 기록될 만큼 중요했다는 점일 것이다. 정치적인 사건은 이전에 역사 공부를 통해서 익히 알고 있던 내용일 수도 있지만 백성 관련 기록은 새로운 역사극 한 편을 보는 것 같은 신선함이 독자들에게 전달될 수 있을 것이다. 책을 쓰면서 가능하면 〈실록〉의 기록만을 제시하고 필자들의 해석이나 설명을 자제했다. 다만 사건이 한 번만 언급되고 그 이후의 사건 추이가 나타나지 않은 경우에는 필자들의 해석을 덧붙이기도 했다.

이 책을 쓰면서 기존의 연구 성과를 많이 참조했다. 지금까지 수많은 학자들이 한글의 역사를 학문적으로 정리하기도 하고 한글로 쓰인 옛 글을 발견하여 세상에 내놓기도 하였다. 이 책은 그러한 선행 연구의 노력에 힘입은 바 크다. 또한 국역 〈조선왕조실록〉이 없었다면 이 책이 나오는 데 더 많은 시간이 필요했을 것이다. 이 자리를 빌려 한글 연구와 〈실록〉 번역에 이바지한 선학들에게 감사의 마음을 전한다.

이제 글을 마치는 즈음에 돌아보니 아쉬움이 많이 든다. 〈실록〉에 나타난 언문 문서들을 더 꼼꼼히 찾아보았더라면, 또 당시의 한글로 된 다른 작품이나 문헌들과도 더 촘촘히 비교했더라면, 그리고 〈실록〉 외에 다른 역사 기록들도 더 많이 참고를 했더라면 하는 아쉬움이 남는다. 그러나 어쩌면 아쉬움이 남기에 다음 목표에 대한 길을 모색하고 마음을 다질 수 있는 것인지도 모른다. 한글은 우리에게 관찰 대상이 아니라 삶 그 자체이다. 따라서 한글이 한국인의 일상에서 더없이 생생하게, 부지런히 살아 숨 쉬고 있는 한, 한글에 대한 이야기는 계속될 것이다.

끝으로 필자들의 한글 이야기 시리즈에 수년 동안 동참하여 격려해 주고 출판의 기회를 마련해 준 고즈윈 출판사와 이번 책을 정성을 다해 다듬어 준 이은주 편집장에게 사랑과 감사의 마음을 전한다.

2011년 3월

정주리·시정곤

차 례

언문을 사랑한 임금

새 문자를 만들어 널리 쓰다

훈민정음은 어리석은 백성을 위해 만든 글자였다. 훈민정음을 통해 어리석은 백성들이 유교적 소양을 갖춘 신민으로 다시 태어나도록 하려 했다. 이는 조선 시대 '교화'의 핵심과 통했다. 15세기 조선이 왕을 중심으로 한 전제군주제 사회였고 유교 이념을 새로운 사회질서로 내세우고 있었다는 점을 인식한다면, 교화는 백성들을 유교 이념 체제에 순응케 하는 중요한 방법이었던 셈이다. 삼강행실(三綱行實)을 그림으로 만들어 배포하고 더 나아가 언문(諺文)으로 번역하여 보급한 것은 교화의 효율을 극대화하기 위한 것이었다. 세종은 백성들을 교화하기 위해 지배 계층이 먼저 훈민정음을 배우고 알아야 한다고 생각했다. 공식적인 문서에 언문을 사용하기도 하고, 과거 과목에 〈훈민정음〉을 포함한 것도 그 때문이었다.

세종, 대간의 죄를 언문으로 써서 묻다

1446년(세종 28년), 세종과 대신들은 불사(佛事)를 두고 한바탕 대립을 했다. 그 포문은 10월 4일 우참찬 정갑손이 열었다.

> "지난번에 중궁께서 병환이 나시매 불사를 궁중에서 베풀어, 마
> 침내 금은으로써 불경을 쓰고, 등롱에 이르기까지 또한 금은과
> 주옥으로써 꾸몄으며, 또 듣건대 과천 등지에 큰 절을 창건하였
> 다고 합니다. 지금 또 전경(轉經, 불경을 띄엄띄엄 가려 읽는 일)으로써
> 대자암(大慈菴)에 불사를 개최하려고 하는데, 대저 궁중의 불사는
> 절박한 지정(至情)으로써 미처 이를 말하지 못하였지마는, 전경에
> 이르러서는 이미 한 번 하였사오니, 원하옵건대 이 일은 정지시
> 키소서."
>
> _〈조선왕조실록〉 세종 28년(1446) 10월 4일

이미 세종이 즉위하자마자 궁궐에 내불당을 지었고 왕비인 소헌왕후가 병석에 눕자 불사를 베풀었으며 과천에 큰 절까지 지었는데 또다시 대자암에서 불교 행사를 하려고 하니 이를 중지해야 한다고 임금에게 상소를 올린 것이다. 유교를 숭상하는 나라에서 왕실이 앞장서 큰 불교 행사를 개최하려 했으니 이 어찌 용납될 수 있었겠는가. 하지만 세종은 점잖게 저간의 사정을 이야기하며 신하들에게 양해를 구했다.

"내가 사경(寫經. 불경의 문구를 베끼는 일)을 명한 것이 지금 벌써 6, 7개월이 되는데, 만약 옳지 않다고 여긴다면 마땅히 미리 방지하여 그치게 할 것이고, 일이 이미 성취되고 난 뒤에 그치기를 간해서는 안 되는 것이다. 만약 탄망(誕妄)됨을 안다면 어찌 일찍이 모두 그 사람들을 환속시키고 그 글을 불살라서 영원히 뿌리 뽑기를 청하지 않았는가. 또 과천에 절을 창건한 것은 내가 동궁에게 물으니, 대답하기를, '알지 못합니다.' 하고, 안평은 말하기를, '무안군의 부인이 죽은 남편을 위하여 무덤 곁에 절을 세웠습니다.' 하므로, 내가 비로소 이를 알았다. 그러나 이 사정은 불쌍히 여길 만하니, 비록 일찍이 알았더라도 나는 반드시 금하기 어려웠을 것이다. 이 절은 세운 지가 벌써 3년이나 되었는데, 오늘에 이르러 나의 일로 인하여 이를 간하게 되니 불가함이 없겠는가."

_〈조선왕조실록〉 세종 28년(1446) 10월 5일

이미 시행된 일이고, 만약 그 일이 옳지 않다고 여겼다면 당시에 안 된다고 했어야지 다 지난 지금에 와서 그 일을 다시 거론하는 것은 옳지 못하다는 얘기였다. 그러나 신하들의 주장은 완강했다. 그 뒤에도 거의 매일 사헌부와 사간원에서는 불사를 중지시켜야 한다는 상소를 올렸다.

세종 28년(1446) 10월 6일
사헌부 장형 강진이 불사를 정지시키기를 청하였다.

10월 7일

사간원 좌정언 윤배가 불사를 정지하기를 청하였다.

10월 9일

사간원에서 불사를 정지시키기를 청하였으나 윤허하지 아니하였다.

사헌부 집의 정창손이 불사를 정지시키기를 상소하였다.

이에 세종은 10월 10일에 대간(臺諫)의 죄를 일일이 글로 써서 환관에게 시켜 의금부와 승정원에 보이게 하였는데, 이 글이 바로 언문으로 되어 있었다. 즉 임금이 신하들의 죄목을 직접 언문으로 써서 내린 것이다. 세종이 훈민정음을 얼마나 중요하게 여기고 있었는지를 알 수 있는 대목이다.

놀란 신하들은 대간에 대한 처벌을 거두어 달라고 소리를 높였다. 여기에는 집현전 직제학 이계전을 비롯한 여러 학자들이 나섰다.

"대간은 임금의 이목(耳目)과 같은 관직인데, 지금 국사를 말한 것이 옳지 아니하였다고 이를 처벌한다면, 신하로서 임금에게 말을 올릴 수 있는 길이 막혀질 것이오니, 그 죄를 용서하기를 청합니다."

_〈조선왕조실록〉 세종 28년(1446) 10월 10일

그러자 수양대군이 나섰다. 수양대군은 아버지인 세종이 내렸던 언

문의 글을 다시 내보이며 "범죄가 이와 같은데 죄주지 않겠는가." 하고 말했다. 사흘 후 정승들이 나서 대간들의 죄를 너그럽게 용서해 줄 것을 다시 간청했다. 세종은 수양대군에게 명하여, 대간의 죄를 일일이 나열한 언문서 몇 장을 다시 가져오게 하여 이를 정승들에게 보이며 말했다.

"경 등이 내 뜻을 알지 못하고서 왔으니, 만약 이 글을 자세히 본다면 알 수 있을 것이다."

신하들이 거듭 사죄를 하고 용서를 구하자 세종은 마침내 대간들을 석방하였고 사건은 일단락되었다.

과거 과목이 된 〈훈민정음〉

세종은 일반 백성뿐 아니라 사대부를 비롯한 지배 계층에서도 훈민정음이 통용되기를 바랐다. 앞서 대간의 죄상을 언문으로 기록하여 내린 것도 그런 까닭이었다. 같은 해 12월, 세종은 과거 과목에 〈훈민정음〉을 포함시키라 명했다.

> "이과(吏科)와 이전(吏典)의 취재(取才) 때에는 〈훈민정음〉도 아울러
> 시험해 뽑게 하되, 비록 의리(義理)는 통하지 못하더라도 능히 합
> 자(合字)하는 사람을 뽑게 하라."
> _〈조선왕조실록〉 세종 28년(1446) 12월 26일

하급 관리인 서리를 선발하는 과목에서 〈훈민정음〉을 익힌 사람을 뽑으라는 것이었다. 이렇게 되면 적어도 서리가 되려는 유생들은 훈민정음의 원리를 이해하고 운용하는 법을 알아야만 했으니, 훈민정음 보급을 위해서는 무척 효율적이면서도 강력한 정책이 아닐 수 없었다. 이러한 제도적 조치는 지배 계층 사이에 자연스럽게 훈민정음이 보급될 수 있는 계기가 되었을 터였다. 세종이 〈훈민정음〉을 간행하고 세상에 공포한 것이 1446년 9월이었고, 대간의 죄를 언문으로 물은 사건이 그해 10월, 국가시험인 과거에 〈훈민정음〉을 포함한 것이 12월이니, 일련의 사건들에서 훈민정음을 널리 알리려는 세종의 의지와 체계적인 노력을 확인할 수 있다.

세조의 언문 사랑

세조는 왕자였을 당시부터 아버지인 세종을 도와 훈민정음을 창제하는 일에 많은 역할을 한 것으로 보인다. 세종의 딸인 정의공주의 시가 쪽 족보인 〈죽산안씨대동보〉에 따르면 세종이 대군들에게 훈민정음에 대한 과제를 냈다고도 하니, 훗날 세조가 되는 수양대군이 훈민정음 창제에 어떤 식으로라도 관여했을 가능성이 높다. 훈민정음이 창제된 다음 해인 1444년에 세종은 신숙주 등에게 〈운회(韻會)〉를 언문으로 번역하게 하는데 이때 수양과 안평대군을 감독자로 삼기도 했다.

1446년에 소헌왕후가 사망하자 세종은 아내의 명복을 빌기 위해 아들 수양대군에게 석가의 전기를 언문으로 짓게 하는데, 이 책이 바로 〈석보상절(釋譜詳節)〉이다. 1447년에 완성된 이 책을 보고 세종은 흐뭇하지 않을 수 없었다. 그리고 이에 어울리는 석가의 공덕을 찬송하는 노래를 손수 지었으니 그 노래책이 바로 〈월인천강지곡(月印千江之曲)〉이다. 이처럼 세종의 훈민정음 창제를 이야기할 때 빠질 수 없는 이가 그 아들 수양대군이다.

수양대군이 왕위에 오르고 한참이 지난 1468년(세조 14년) 5월의 일이다.

> 임금이 사정전에 나아가 종친·재신·제장과 담론하며 각각 술을 올리게 하고, 또 영순군 이부에게 명하여 8기(妓)에게 언문 가사(諺文歌辭)를 주어 부르도록 하니, 곧 세종이 지은 〈월인천강지곡〉이었다.
>
> _〈조선왕조실록〉 세조 14년(1468) 5월 12일

세조가 종친 및 신하들과 술자리를 하다가 문득 아버지 세종을 사모하는 마음이 떠올라 아버지가 언문으로 지은 〈월인천강지곡〉을 부르도록 했다는 내용이다. 세조는 아버지를 그리는 마음이 북받쳐 한참 눈물을 보였다. 이를 지켜보던 종친과 신하들도 함께 엎드려 눈물을 흘렸다.

세조의 세종에 대한 그리움과 훈민정음에 대한 관심은 〈명황계감

어느다 술ᄫᆞ리 巍ᅌᅱᆼ巍ᅌᅱᆼ 흔 ... 邊변이은 ... 리라

其끵二ᅀᅵᆼ

世솅尊존ㅅ일 술ᄫᆞ리니 萬먼里링 外ᅌᅬᆼ

外ᅌᅬᆼ 人ᅀᅵᆫ이시나 눈에 보논가 너기

世솅尊존ㅅ말 술ᄫᆞ리니 千쳔載ᅀᆡᆼ

上썅ㅅ말이시나 귀예 듣논가 너기

ᅌᅥᆼ슈셔 千쳔載ᅀᆡᆼ 上썅ᄋᆞᆫ 즈믄힛 우히라

其끵三삼

阿ᅙᅡᆼ僧ᄉᆡᆼ祇낑前쪈世솅劫겁에 님

금位윙ㄹ ᄇᆞ리샤 精졍舍샹애 안ᄌᆞ샛

더시니

五ᅌᅩᆼ百ᄇᆡᆨ前쪈世솅怨ᅙᅯᆫ讎쓩ㅣ나

빗쳔일 버ᇇ 精졍舍샹ᄅᆞᆯ 디나아가

念념을 닐어오며 그

ᄠᅳᆮ들 人ᅀᅵᆫ랑ᄒᆞ야 이다 이려 長땅壽쓩ᄅᆞᆯ

ᄒᆞ면 뎌 ... ᅀᅮᆷ며 ᄒᆞ면 가ᅀᅮ며

ᄒᆞ고 가ᅀᅮ며로 求ᄀᆛ ᄒᆞ면 가ᅀᅮ며

로ᄅᆞᆯ 得득 ᄒᆞ고 ... 得득

ᄅᆞᆯ 得득 ᄒᆞ리라 아 모 ... 사ᄅᆞ미 모

던 ... 물어더긋 춘 相샹 올모 ... 妖ᅇᅭᆯ

怪광로빈 새 오거나 妖ᅇᅭᆯ

ᄆᆡᆼ어나 ᄒᆞ거든 이 藥약 師ᄉᆞ琉륭

모어나 ᄒᆞ거든 이 ... 種

怪광로빈 ... ᄒᆞ야온가 짓ᄭᅴ 妖ᅇᅭᆯ 怪광貴귕

如ᅀᅧ來ᄅᆡᆼ 恭공敬경 ᄒᆞ야 供공養ᅌᅣᆼ

ᄒᆞ이리다 엄서 ... 머리아니ᄃᆞᆯ 외며ᄅᆞᆯ

ᄒᆞ수 ᄒᆞ면 머즌 ... 며 물읫 ...

五ᅌᅩᆼ百ᄇᆡᆨ 前쪈世솅 怨ᅙᅯᆫ讎쓩ㅣ나

빗쳔일 버ᇇ 精졍舍샹ᄅᆞᆯ 디나아

ᅙᅥᆫ이리다

〈월인천강지곡〉(위)과 〈석보상절〉 본문

(明皇誡鑑))이라는 책을 언문으로 번역한 데서도 알 수 있다. 1441년 세종은 여색에 미혹하여 실패한 군주를 거울삼아 스스로를 채찍질하고 후대의 왕에게 경계심을 일깨워 주기 위해 책을 지으라 명한다.

"옛사람이 당(唐) 명황과 양귀비의 일을 그린 자가 퍽 많았다. 그러나, 희롱하고 구경하는 자료에 불과하였다. 내가 개원(開元)·천보(天寶)의 성패(成敗)한 사적을 채집하여 그림을 그려 두고 보려 한다. 예전 한(漢)나라 때에 승여와 악좌와 병풍에 주(紂)가 취하여 달기(妲己)에게 걸어앉아 긴 밤의 즐거움을 짓던 것을 그렸다 하니, 어찌 세상 인주(人主)들로 하여금 전철(前轍)을 거울삼아 스스로 경계하게 하려는 것이 아니었겠는가. (중략) 무릇 이런 등(等)의 말은 역시 국가를 맡은 자가 마땅히 깊이 경계하여야 할 것이다. 너희들은 이를 편찬하여라."

_〈조선왕조실록〉 세종 23년(1441) 9월 29일

명을 받든 신하들은 먼저 그림을 그리고 거기에 그 사실을 기록하여 〈명황계감〉을 완성했다. 이 책을 세조가 서거정을 비롯한 대신들에게 언문으로 번역하게 한 것이다.

세조는 측근 민발 등과 어울려 언문을 읽으며 문답을 나누기도 했다. 민발은 대군 시절부터 세조의 최측근 무사였다. 1450년 수양대군을 수행하여 명나라에 다녀온 후 무과에 급제하였고, 1455년 세조의 즉위에 일등 공을 세워 두터운 신망을 받고 있던 '장수였다. 1468년 2

월 어느 날 세조는 신숙주, 민발 등과 함께 술을 마시다가 민발에게 물었다.

"너는 어마법(御馬法)을 아느냐?"
하니, 대답하기를,
"압니다."
하므로, 임금이 웃으며 말하기를,
"민발은 알지도 못하며 스스로 안다고 하니, 이로써 사람을 가르친다면 장차 반드시 사람들이 모두 민발과 같이 되리라."
하고, 드디어 술을 마시었다. 영순군 이부로 하여금 안에서 언문을 내다 읽으며 어마법을 민발에게 물으니, 민발이 대답하는 것이 자못 성지(聖旨)에 맞으므로, 임금이 즐거워하고 술을 올리게 하였다. 또 최항·김국광·노사신·성임 등에게 명하여 언문으로 어마법을 번역하게 하고, 신숙주 등에게 명하여 잘못된 곳을 지적하게 하니, 신숙주 등이 지적하지 못하므로, 임금이 말하기를,
"이(耳) 자가 잘못 되었는데도 경 등은 알지 못하느냐?"
하고, 드디어 잔술로써 벌(罰)하였다.
_〈조선왕조실록〉 세조 14년(1468) 2월 4일

공신 민발에게 언문으로 어마법을 설명하기도 하고, 신하들에게 잘못 언해된 부분을 묻기도 하며 즐겼으니, 세조가 언문을 얼마나 각별히 생각했는지를 알 수 있다.

세조의 아내인 정희왕후 윤씨도 언문을 잘 알고 있었다. 세조 4년의 기록에는 왕비 윤씨가 옥에 갇힌 김분의 사형을 감해 달라고 언문으로 편지를 써서 임금에게 올리는 대목이 나온다.

> "근래에 사람들 가운데 사죄(死罪)에 연좌된 자가 많았는데, 김분 등이 범한 죄도 진실로 같은 유에 해당한다면, 성상께서 모름지기 극형에 처하여야 할 것입니다. 그렇지 아니하다면, 청컨대 먼 곳으로 유배하여서 살 길을 구해 주소서."
>
> _〈조선왕조실록〉 세조 4년(1458) 8월 24일

임금이 경회루에서 신하들과 함께, 홍윤성을 무고하고 모함한 김분을 사형시킬 것을 논하고 있을 때 왕비의 언문 편지가 전달되었다. 임금은 이 편지를 읽고 바로 김분의 사형을 면해 주라 명한다. 이 대목에서 당시 왕실 여인이 소통의 한 방법으로 언문을 사용하고 있었음을 알 수 있다.

세종과 세조 시절에는 왕실에서 언문이 매우 높은 위상을 차지하고 있었다. 앞서 보았듯이 임금이 언문으로 문서를 쓰기도 하고, 또 과거에서 〈훈민정음〉을 시험 보도록 하기도 했다. 또한 〈용비어천가〉를 비롯한 여러 서적을 언문으로 간행하고, 운서를 언문으로 번역하였으며, 왕과 왕비 사이에 언문으로 소통이 이루어지기도 했으니, 조선 초기 언문의 위상이 어떠했는지는 미루어 짐작할 수 있다.

한문 권력과 언문

조선 시대 성균관의 유생들은 글쓰기의 달인이 되어야 했다. 성균관에서는 십여 가지 유형의 글쓰기를 연습했는데, 느낀 바를 시로 표현하는 부(賦), 공덕을 칭송하는 글인 송(頌), 사실이나 유래를 기록하는 글인 기(記) 등 다양한 글쓰기를 모두 연마해야 했다. 그 가운데서도 중국에 보내는 외교 문서의 문체인 표(表)는 매우 중요한 것이었다. 외교 관계의 효력을 발생케 하는 것은 예나 지금이나 문서로 작성된다. 당시에는 황제와 왕의 직인이 찍힌 문서만이 그 명령을 대신할 수 있었다.

조선 시대 외교 문서는 모두 한문으로 쓰였다. 중국에서도 상대국이 한자와 한문을 얼마나 알고 있는가에 따라 외교 관계를 더불어 할 수 있는지를 판가름하곤 했다. 세종 6년(1424) 에 중국 사신과 조선 관리가 나눈 대화에는 다음과 같은 말이 나온다.

> "황제의 성지(聖旨)에 조선은 비록 외국이나, 글을 읽고 친교를 맺
> 을 나라이니 (중략) 조선은 글을 읽어서 예를 아는 나라이니 예는
> 적중하여야 하고 지나치는 것은 옳지 못한 것이다."
>
> _〈조선왕조실록〉 세종 6년(1424) 10월 8일

사정이 이렇다 보니 중국을 사대하는 주변 국가들은 중국의 말과
글에 지대한 관심을 기울이지 않을 수 없었다. 이런 상황에서 세종대
왕이 고유 문자인 훈민정음을 창제했으니, 이를 공식적인 나라 문자
로 반포하지는 않았다 하더라도 신하들의 반대가 거세게 일었던 것
은 당연한 결과였다. 한문을 읽고 쓴다는 사실은 당시 그 나라의 문
화 수준과 국가 위신을 가늠하는 척도였고, 한문만이 권위를 가진 글
이었으며, 조선처럼 중국에 사대하는 나라로서는 당연히 한문을 사용
할 수밖에 없었다. 따라서 이러한 시대적 상황을 무릅쓰고 고유 문자
를 만든 세종의 결단은 실로 위대하다 하겠다. 훈민정음이 잉태된 조
선 초기 한문의 위력을 짐작할 수 있는 몇 가지 사건을 살펴보자.

모화관에 나가 황제의 조칙(詔勅)을 받다

세종 17년(1435) 3월 18일 중국의 사신이 당도하자, 면류관을 쓰고

곤룡포를 입은 세종은 모화관에서 사신을 극진히 맞이했다. 예복으로 차려 입은 신하들도 임금의 뒤를 따랐다. 임금은 황제가 내린 조칙을 정성스레 받아들고 경복궁에 이르러 조서와 칙서를 선포한다.

"바야흐로 우리 국가가 길이 화목하고 광명함을 기망하였더니, 불행히도 금년 정월 초3일에 황고께서 붕하시면서 미약한 나에게 명하사 대통을 계승하게 하시니, 친왕(親王)과 문무 여러 신하와 기로(耆老)·군민(軍民)들이 누차 표를 올려 나아가기를 권고하므로, 짐이 초10일에 황제위에 나아가서 (중략) 명년을 정통 원년으로 하고, 만천하에 은사의 명을 내려 다 함께 새로움을 누리고자, 이에 조서를 내려 고유하노니 의당 이를 잘 알리라고 믿는 바이다."

명나라 제5대 황제 선종이 죽고, 이어 제6대 황제로 등극한 영종이 자신의 황제 즉위 사실을 조선에 알리고자 내린 조서였다. 조서를 다 읽은 다음 세종은 곤룡포를 벗고 평상시 근무복으로 갈아입은 후 황제의 칙서를 읽는다.

"짐이 처음 대보를 이어받고 즐겁게 천하와 더불어 분요(紛擾)를 잊고 청정(淸淨)과 영정(寧靜)을 누리고자, 왕의 나라의 조공은 한결같이 상례를 좇아하고, 무릇 전의 칙지에 희망한 바 있는 사람과 기타 모든 물건은 모두 정파(停罷)하노니, 왕은 짐의 지극한 뜻을 몸받도록 하라."

_〈조선왕조실록〉 세종 17년(1435) 3월 18일

명나라에 바치던 조공은 예전대로 하고, 기타 다른 요구 조건은 모두 없이한다는 선심성 글이다. 또한 왕과 왕비에게 비단을 하사한다는 내용도 이어진다. 황제 등극에 따른 양국 간의 관계 정립을 다시금 확인하고 황제국의 권위를 확인하는 글이 아닐 수 없다.

중국과 조선은 사대의 관계에 있었으므로 중요한 일이 있을 때마다 중국에서는 황제의 칙서를 통해 조선에 영향력을 행사했고, 조선도 황제의 윤허를 받아야만 정통성을 확보할 수 있었다. 〈조선왕조실록〉 태조 1권 총서 100번째 기사에는 이성계가 공민왕의 아들 우왕과 손자 창왕을 폐위하고 공양왕을 세운 이야기가 나오는데, 이때 우왕과 창왕을 인정하지 않는다는 황제의 칙서가 결정적 힘을 발휘하게 된다. 황제의 칙서는 임금을 바꿀 만큼 힘이 있었다.

표문 때문에 곤욕을 치른 정도전

이성계가 위화도 회군을 하기 직전 우왕에게 보낸 편지에는 다음과 같은 내용이 나온다.

"작은 나라로서 큰 나라를 섬기는 것은 나라를 보전하는 도리입니다. 우리 국가가 삼국을 통일한 이후로 큰 나라 섬기기를 근실히 하여, 현릉(玄陵)께서 홍무 2년에 명나라에 복종하여 섬겨 그 올린 표문(表文)에, '자손만세에 이르기까지 영구히 신하가 되겠습니다.' 하였으니, 그 정성이 지극하였습니다. (중략) 지금 명령을 기다리지 않고서 갑자기 큰 나라를 범하게 되니, 종사(宗社)와 생민(生民)의 복이 아닙니다."

_〈조선왕조실록〉 태조 1권 총서 84번째 기사

이성계는 과거 표문의 내용을 근거로 중국을 칠 수 없다고 하였고, 우왕과 최영은 이성계의 회군을 받아들이지 않고 진격을 명령한다. 왕의 명령을 끝내 거역하고 군대를 돌린 이성계는 쿠데타를 일으켜 조선을 창업한다.

황제의 칙서가 중국에서 우리나라에 보내온 문서라면 우리나라에서 중국 황제에게 보내는 문서가 표문이다. 〈실록〉에는 중국에 표문을 보낸 기록이 수없이 많이 등장한다. 이성계가 조선 왕조를 창업할 당시 중국에 보낸 표문들은 다음과 같다.

태조 1년(1392) 8월 29일
밀직사 조임을 경사로 보내 태조가 즉위하게 된 사유를 알리는 표문을 올리다.
9월 1일
삼사 좌사 이거인을 경사에 보내 황태자의 죽음을 애도하는 표문을 올리다.

10월 25일

정도전이 명나라에 가지고 간 황제의 덕을 칭송하는 표문

태조 이성계가 즉위한 것을 보고하고, 황태자의 죽음을 애도하고, 황제의 덕을 칭송하는 등 중요 외교 사안을 표문으로 작성해 보내는 형식이었다. 표문은 물론 한문으로 써야 했다. 황제가 읽을 수 있어야 했기 때문이다. 그런데 표문에 조금이라도 이상한 점이 발견되면 가차 없이 문책이 뒤따랐다.

> "이번에도 본국에서 보낸 사신이 올린 홍무 29년 정조(正朝)의
> 표·전문 속에 경박하게 희롱하고 모멸하는 문구가 있어 또 한
> 번 죄를 범했으니, 이것으로 군병을 거느리고 부정한 것을 다스
> 릴 것이나, 만약에 언사가 모만(侮慢)하다고 해서 군사를 일으켜
> 죄를 묻는다면 옳지 못하니 무엇 때문일까?"
>
> _〈조선왕조실록〉 태조 5년(1396) 2월 9일

1396년 신년 하례를 위해 중국에 보낸 표·전문에 문제가 생긴 것이다. 중국은 이 표문에 희롱하는 문구가 있다고 하면서 군사적 행동까지 언급하며 죄를 묻는다. 이에 조선 조정에서는 진상 파악에 나섰고, 표문을 지은 정탁이 병이 들어 보낼 수 없어 전문을 지은 김약항만을 북경으로 압송하고, 이 일을 해명하는 글을 지어 보낸다.

"소방(小邦)은 해외의 한구석에 있어 성음(聲音)과 언어가 중화와 같지 않아, 반드시 통역에 의해서만 겨우 문자의 뜻을 익히옵는데, 배운 바가 거칠고 얕아서 문자의 사용이 비루하고 표·전문의 체제를 다 알지 못하여 언사가 경박하게 되었사오니, 어찌 감히 고의로 우롱하거나 모멸해서 흔단(釁端)을 일으키겠습니까? 천일이 내려 비추옵고 참으로 무망(誣妄)이 아니옵니다. 다행히 인자하신 폐하께서 즉시 문죄를 하시지 않고 용서하는 은혜를 베풀어 주시니 하늘처럼 망극하며 감사하오나, 또한 부끄러워 몸이 가루가 되어도 갚기 어렵습니다."

_〈조선왕조실록〉 태조 5년(1396) 2월 15일

중국의 한문을 제대로 알지 못하고, 표·전문 체에 익숙하지 못해서 일어난 우발적인 사건이라는 점을 강조하고 있다. 그러나 같은 해 6월 중국 사신은 표문을 지은 정탁과 정도전을 압송하라는 황제의 칙서를 낭독한다.

"본부 상서 문극신 등 관이 삼가 성지를 받자오니, '전자에 조선국에서 바친 정조의 표문과 전문 속에 경박하고 모멸하는 구절이 있어 이(李)에게 글을 지은 사람을 보내게 하였더니, 단지 전문을 지은 자만 보내오고, 그 표문을 지은 정도전·정탁은 여태껏 보내오지 않아서, 지금 다시 상보사승 우우와 내사 양 첩목아·송패라·왕예 등 일동과 원래 보냈던 통사 양첨식의 종인(從人) 김

장으로 본국에 가서 표문을 지은 정도전 등과 원래에 데리고 오
라던 본국 사신 유구 등의 가솔을 데리고 와서 완취(完聚)하게 하
라.' 하시기에, 이제 이 뜻을 받들어 성지를 갖추어서 자문으로
전한다."

_〈조선왕조실록〉 태조 5년(1396) 6월 11일

중국 사신 우우 등은 경복궁 근정전에 이르러 황제의 말을 전하면
서 표문을 문제 삼아 정도전과 정탁을 압송하라고 다시 압박한다.
〈실록〉에 따르면 정도전은 자신이 표문과 관련이 없음을 스스로 밝히
고 있으며, 조선 측에서도 정도전이 병중이고 표문에 손댄 바 없으니
보낼 수 없다고 하고 있다. 중국 측이 조선 창업의 일등공신인 정도전
을 압송하라고 한 것은 막 개국한 조선을 경계하는 한편, 조공국으로
서 조선을 길들이기 위한 방법이 아니었을까.

이듬해에도 비슷한 사건은 계속된다. 태조 6년(1397)에 중국에 보낸
글이 다시 문제가 되었다.

"전자에 본국에 진하(進賀)한 표 · 전문 안의 글자 쓴 것이 기롱하
고 모독하였기 때문에, 무릇 조공 때를 당하더라도 다시 표 · 전
쓰는 것을 허락하지 않았는데, 이번에 가지고 온 계본(啓本) 안에
글자 쓴 것도 정당하지 않으니, 이것은 모두 등용된 수재가 기교
를 가지고 의사를 써서 고의로 자양(字樣)과 성향(聲響)의 서로 비
슷한 것을 가져다가 한데 모아 어구를 만들어 기롱하고 만모(謾

侮)하여 스스로 흔단을 만든 것이니, 어찌 조선의 장구한 도리이
겠는가?"

_〈조선왕조실록〉 태조 6년(1397) 12월 18일

중국 측에서는 문서를 들고 간 사신을 볼모로 잡고, 이를 작성한
사람을 압송할 것을 요구한다. 이 같은 일이 없게 하려면 조선에서는
무조건 중국식으로 해당 문체에 맞게 글을 써야 했다. 즉 중국 사람
들이 읽어 보아도 아무런 흠이 없는 완벽한 글을 짓는 일이 조선으로
서는 필수였다.

세종, 최만리를 꾸짖다

중국을 사대하고 공식 문서에는 한문을 써야만 했던 조선 임금 세
종은 마침내 훈민정음을 창제하고 이를 만천하에 밝혔는데, 그 내용
을 〈세종실록〉에는 다음과 같이 기록하고 있다.

"이달에 임금이 친히 언문 28자를 지었는데, 그 글자가 옛 전자
(篆字)를 모방하고, 초성(初聲)·중성(中聲)·종성(終聲)으로 나누어
합한 연후에야 글자를 이루었다. 무릇 문자에 관한 것과 이어(俚
語)에 관한 것을 모두 쓸 수 있고, 글자는 비록 간단하고 요약하
지마는 전환하는 것이 무궁하니, 이것을 훈민정음(訓民正音)이라

고 일렀다."

_⟨조선왕조실록⟩ 세종 25년(1443) 12월 30일

훈민정음 창제에 대해 집현전의 최만리 등은 창제의 부당함을 알리는 상소를 올린다.

"신 등이 엎디어 보옵건대, 언문을 제작하신 것이 지극히 신묘하와 만물을 창조하시고 지혜를 운전하심이 천고에 뛰어나시오나, 신 등의 구구한 좁은 소견으로는 오히려 의심되는 것이 있사와 감히 간곡한 정성을 펴서 삼가 뒤에 열거하오니 엎디어 성재(聖栽)하시옵기를 바랍니다.

— 우리 조선은 조종 때부터 내려오면서 지성스럽게 대국(大國)을 섬기어 한결같이 중화의 제도를 준행(遵行)하였는데, 이제 글을 같이하고 법도를 같이하는 때를 당하여 언문을 창작하신 것은 보고 듣기에 놀라움이 있습니다. 설혹 말하기를, '언문은 모두 옛 글자를 본뜬 것이고 새로 된 글자가 아니라.' 하지만, 글자의 형상은 비록 옛날의 전문(篆文)을 모방하였을지라도 음을 쓰고 글자를 합하는 것은 모두 옛것에 반대되니 실로 의거할 데가 없사옵니다. 만일 중국에라도 흘러들어 가서 혹시라도 비난하여 말하는 자가 있사오면, 어찌 대국을 섬기고 중화를 사모하는 데에 부끄러움이 없사오리까.

— 옛부터 구주(九州)의 안에 풍토는 비록 다르오나 지방의 말에

따라 따로 문자를 만든 것이 없사옵고, 오직 몽고·서하·여진·일본과 서번의 종류가 각기 그 글자가 있으되, 이는 모두 이적(夷狄)의 일이므로 족히 말할 것이 없사옵니다. 옛글에 말하기를, '화하(華夏)를 써서 이적을 변화시킨다.' 하였고, 화하가 이적으로 변한다는 것은 듣지 못하였습니다. 역대로 중국에서 모두 우리나라는 기자(箕子)의 남긴 풍속이 있다 하고, 문물과 예악을 중화에 견주어 말하기도 하는데, 이제 따로 언문을 만드는 것은 중국을 버리고 스스로 이적과 같아지려는 것으로서, 이른바 소합향(蘇合香)을 버리고 당랑환(螳螂丸)을 취함이오니, 어찌 문명의 큰 흠절이 아니오리까.

― (중략) 만약 우리나라가 원래부터 문자를 알지 못하여 결승(結繩)하는 세대라면 우선 언문을 빌려서 한때의 사용에 이바지하는 것은 오히려 가할 것입니다. 그래도 바른 의논을 고집하는 자는 반드시 말하기를, '언문을 시행하여 임시방편을 하는 것보다는 차라리 더디고 느릴지라도 중국에서 통용하는 문자를 습득하여 길고 오랜 계책을 삼는 것만 같지 못하다.'고 할 것입니다. 하물며 이두는 시행한 지 수천 년이나 되어 부서(簿書)나 기회(期會) 등의 일에 방애(防礙)됨이 없사온데, 어찌 예로부터 시행하던 폐단 없는 글을 고쳐서 따로 야비하고 상스러운 무익한 글자를 창조하시나이까."

최만리가 세종에게 이 같은 긴 상소를 올릴 당시의 직책은 집현전

부제학이었다. 집현전의 직제는 정1품에서 9품까지의 서열이 있었다. 영전사나 대제학은 겸직이었으니 실제로는 부제학과 그 아래 직제학이 집현전의 실질적인 수장 역할을 하였던 것으로 보인다.

학문 연구 기관인 집현전에서 일하도록 임명되는 관리는 무엇보다도 중국 문물과 언어에 조예가 깊은 사람들이었다. 그중에는 중국어에 능통한 학자도 있었고 학식이 깊은 학자도 있어 때마다 중국의 문물과 역사를 상고하는 데 자문을 구할 수 있는 자질을 갖추고 있었다. 15세기 조선의 정치적 기반이 숭유(崇儒)와 모화(慕華)였음을 고려해 볼 때 최만리의 반대 상소는 집현전의 수장으로서 당연히 올릴 법한 것이었다.

세종은 이 상소에 대해서 다음과 같이 답한다.

"너희들이 이르기를, '음을 사용하고 글자를 합한 것이 모두 옛글에 위반된다.' 하였는데, 설총의 이두도 역시 음이 다르지 않으냐. 또 이두를 제작한 본뜻이 백성을 편리하게 하려 함이 아니겠느냐. 만일 그것이 백성을 편리하게 한 것이라면 이제의 언문은 백성을 편리하게 하려 한 것이다. 너희들이 설총은 옳다 하면서 군상(君上)의 하는 일은 그르다 하는 것은 무엇이냐. 또 네가 운서(韻書)를 아느냐. 사성칠음(四聲七音)에 자모(字母)가 몇이나 있느냐. 만일 내가 그 운서를 바로잡지 아니하면 누가 이를 바로잡을 것이냐. 또 소(疏)에 이르기를, '새롭고 기이한 하나의 기예라.' 하였으니, 내 늘그막에 날을 보내기 어려워서 서적으로 벗을 삼을 뿐인데, 어찌 옛것을 싫어하고 새것을 좋아하여 하는 것이겠느냐. 또는 전렵(田獵)으로 매사냥을 하는 예도 아닌데 너희들의 말은 너무 지나침이 있다."

_〈조선왕조실록〉 세종 26년(1444) 2월 20일

아무리 중국에 사대하는 나라라 하더라도 백성들을 편안하게 하기 위해 훈민정음은 필요하다는 것이다. 또한 자신의 문자로 자신의 언어를 기록할 수 있어야 한다는 신념도 나타낸다. 다음은 신숙주의 〈보한재집(保閑齋集)〉에 나오는 내용이다.

"상감마마께서 우리말의 음운체계가 중국어와는 비록 다르다고 하더라도 자음과 모음, 그리고 성조 등 언어로서 갖추고 있어야 될 요소는 중국어와 마찬가지로 다 갖추고 있어야 된다고 하시고, 또 여러 나라들이 모두 제 나라 언어음을 나타낼 수 있는 글자를 가지고 있어서 각각 제 나라말을 기록하고 있으나, 오직 우리나라만이 제 글자를 가지고 있지 않다고 하여 언문 자모 28자를 만드셨다."

중국을 섬기는 작은 나라에서, 그리고 한문을 높이 받들어야 했던 조선에서 백성들을 위해 고유 문자를 만들어야 한다는 세종의 결단은 결코 쉽지 않은 선택이었다. 그러나 세종의 신념은 굳었다. 세종은 언문의 효용성에 확신이 있었고, 그 예로 〈삼강행실〉을 언문으로 번

1장 언문을 사랑한 임금 37

역하여 민간에 널리 반포하면 충신, 효자, 열녀가 나올 것임을 의심하지 않았다.

임금이 말하기를,

"전번에 김문이 아뢰기를, '언문을 제작함에 불가할 것은 없습니다.' 하였는데, 지금은 도리어 불가하다 하고, 또 정창손은 말하기를, 〈삼강행실〉을 반포한 후에 충신·효자·열녀의 무리가 나옴을 볼 수 없는 것은, 사람이 행하고 행하지 않는 것이 사람의 자질 여하에 있기 때문입니다. 어찌 꼭 언문으로 번역한 후에야 사람이 모두 본받을 것입니까.' 하였으니, 이따위 말이 어찌 선비의 이치를 아는 말이겠느냐. 아무짝에도 쓸데없는 용속(庸俗)한 선비이다."

하였다. 먼젓번에 임금이 정창손에게 하교하기를,

"내가 만일 언문으로 〈삼강행실〉을 번역하여 민간에 반포하면 어리석은 남녀가 모두 쉽게 깨달아서 충신·효자·열녀가 반드시 무리로 나올 것이다."

하였는데, 창손이 이 말로 계달한 때문에 이제 이러한 하교가 있는 것이었다.

_〈조선왕조실록〉 세종 26년(1444) 2월 20일

훈민정음 창제는 세종으로서는 매우 힘든 정치적 결단이었다. 매사에 중국의 눈치를 봐야 하는 상황에서 신하들의 거듭되는 반대를 무릅쓰고 새로운 글자를 반포하는 것이 어찌 쉬운 일이었겠는가. 물론 훈민정음이 한자를 대체하지는 못했지만, 쉬운 글로써 백성을 이롭게 하고자 했던 세종의 뜻은 6백여 년이 지난 오늘에 이르러 더 찬란히 꽃을 피우고 있다. 우리나라가 문맹률이 세계적으로 낮고, 정보화 시대에 잘 맞는 문자를 갖게 된 것은 한글의 힘과 무관하지 않다.

임진왜란과 선조의 언문 교서

교서(敎書)는 국왕의 명령을 담은 문서를 말한다. 보통 신하가 글을 지어 올리면 왕이 검토하여 완성하는 과정을 거쳤다. 조선 시대 교서는 한문으로 작성되었지만 예외적인 경우가 있었는데, 그것이 바로 선조가 내린 언문 교서이다. 교서를 한문으로 작성하고 이를 언문으로 번역하여 함께 반포한 경우는 있었지만, 선조처럼 교서 전체를 언문으로 써서 반포한 임금은 없었다. 도대체 선조는 왜 언문으로 교서를 만들어 반포했을까? 선조는 한글을 가장 사랑한 임금이었을까?

피난길을 떠나는 선조

1592년 4월 13일 쓰시마를 출발한 왜군은 7백여 척의 함선을 이끌고 부산포에 이르렀다. 미처 전쟁 준비를 하지 못했던 조선은 왜군의 침략 앞에 속수무책이었다. 4월 14일 동래부사 송상현과 군민이 저항했으나 이내 부산성이 함락되고 왜군들은 한양을 향해 진군하기 시작했다. 신립 장군이 충주 탄금대 전투에서 패배한 후 도성에는 삽시간에 전운이 감돌았고 마침내 선조는 도성을 버리고 피난길에 올라야했다.

"새벽에 상이 인정전에 나오니 백관들과 인마(人馬) 등이 대궐 뜰을 가득 메웠다. 이날 온종일 비가 쏟아졌다. 상과 동궁은 말을 타고 중전 등은 뚜껑 있는 교자를 탔었는데 홍제원에 이르러 비가 심해지자 숙의 이하는 교자를 버리고 말을 탔다. 궁인들은 모두 통곡하면서 걸어서 따라갔으며 종친과 호종하는 문무관은 그 수가 1백 명도 되지 않았다. 점심을 벽제관에서 먹는데 왕과 왕비의 반찬은 겨우 준비되었으나 동궁은 반찬도 없었다. 병조판서 김응남이 흙탕물 속을 분주히 뛰어다녔으나 여전히 어찌해볼 도리가 없었고, 경기 관찰사 권징은 무릎을 끼고 앉아 눈을 휘둥그레 뜬 채 어찌할 바를 몰랐다."

_〈조선왕조실록〉 선조 25년(1592) 4월 30일

피난길은 그야말로 아수라장이었다. 장대비가 쏟아지는 이른 새벽, 백성을 버리고 피난을 가야 하는 왕은 참담했으며, 신하들은 눈물을 흘리며 발길을 북쪽으로 옮겼다.

왕이 도성을 떠났다는 말을 듣고 백성들은 동요하기 시작했다. 선조의 가마가 개성에 도착하자 백성들이 가마를 가로막고 농성을 벌이기도 했다. 민심이 떠나 버린 것이다. 남부 지방의 혼란은 더욱 심해졌다. 민란이 일어나고 노비 문서가 불타는가 하면 관청이 약탈당하기도 했다. 왜군은 상륙 20여 일 만에 한양을 점령했다.

> "다시 애통해하는 전교를 내리시어 정녕한 뜻을 보이시는 것이
> 인심을 감동시키는 데 합당합니다."
>
> _〈조선왕조실록〉 선조 25년(1592) 5월 29일

비변사가 백성을 위로하는 전교를 내리기를 청하자 왕은 이를 허락했다. 민심 이반이 심상치 않았기 때문이다.

믿을 것은 의병뿐입니다

조총으로 무장한 왜군과 맞서 싸우는 일이 쉬울 리 없었다. 군사는 물론 관리 중에도 미리 도망하거나 아예 적에게 투신하는 이들이 생겨났다.

"도피한 수령은 난리가 평정된 후에 죄에 따라 논단해야 합니다. 지금 그 자리를 모두 다른 사람으로 차출한다면 비단 그 체직과 차출이 번거로울 뿐만 아니라 새로 부임하는 사람이 생소하여 서투른 경우가 생길 듯하니, 우선 감사로 하여금 각 고을에 통유 (通諭)하여 도피 중인 수령을 돌아오도록 독촉하게 하소서."

_〈조선왕조실록〉 선조 25년(1592) 5월 13일

고을을 지켜야 할 수령들이 도망가는 경우가 속출했으나 잡아다 벌을 주기는커녕 다시 돌아와 임무를 수행해 주기만을 독촉해야 하는 상황이었다. 전장에 나가기로 한 군대가 약속을 어기고 나가지 않는 경우도 생겼다.

"지금 예조판서의 계사(啓辭)로 인하여 4초(哨)의 군사가 약속을 하고서도 가지 않았다는 말을 들었다. 병사로 하여금 적발하여 군율(軍律)로 죄주게 하라."

하였다. 회계(回啓)하기를,

"신들의 생각도 그렇게 해야 한다고 여기나 군정이 소란스러울까 걱정되니 우선 중지하소서."

하니, 답하기를,

"그 뜻이 매우 옳다. 서서히 하라."

_〈조선왕조실록〉 선조 25년(1592) 7월 26일

조정에서는 명령을 어긴 군대가 반란이라도 일으킬까 염려스러워 벌도 주지 못했다. 백성 중에는 왜적과 내통하는 자가 생기기도 했다.

평양의 왜적 소굴 근처의 촌백성 중에 간혹 적에게 왕래하면서 장표를 받고 그들의 교사(敎唆)를 듣는 자가 있었다. 김덕복·유희지란 자는 멀리 창성에 살면서 적에게 가서 장표를 받았다. 비변사가 본 고을로 하여금 법에 따라 엄히 형벌하게 할 것을 청하였다.

_〈조선왕조실록〉 선조 25년(1592) 7월 16일

개성과 평양도 왜군이 침략한 지 60일이 못 되어 함락되고 말았고, 피난 간 두 왕자도 왜군에 붙잡혀 이제 전 국토가 왜군에게 짓밟히게 되었다. 다급해진 조정에 남은 한 가닥 희망은 바로 힘없고 천대받던 백성들이었다. 전국에서 의병이 일어나 목숨을 바쳐 왜군과 싸우고, 천민들이 공을 세웠다. 조정은 서얼 출신의 금군(禁軍)을 다시 등용하고, 공을 세운 노비들의 신분을 상승시켜 주었다.

"사노(私奴) 순이·장량 등이 중국 파발아를 수행하여 순안의 수 냉천에 도착하였을 때, 그중 하나는 왜인의 머리를 참하였고, 하나는 왜인의 말을 빼앗아 광녕으로 보내었습니다. 그러자 양 총병과 참장이 크게 칭찬하고 은 30냥과 비단 3필을 주었고, 도찰원에서도 은냥을 지급하였습니다. 이는 예전에는 없던 일입니다. 순이와 장량을 모두 면천시키소서."

하니, 상이 따랐다.

_〈조선왕조실록〉 선조 25년(1592) 7월 18일

수령은 도망가고 군사들은 내뺐지만 천대받던 노비와 백성들은 스스로 의병이 되었다. 이에 감읍한 조정에서는 이들의 부역을 면해 주고자 한다.

"곤수(閫帥)는 손을 움츠리고 열읍(列邑)의 수령은 방관만 하고 있으니, 믿을 것은 의병뿐입니다. 고경명·김천일 등이 창의(倡義)한 뒤에 반드시 잇달아 일어난 사람이 있을 것입니다. 김천일 등에게 하서(下書)한 뜻으로 통문(通文)을 내어 권장하거나 방(榜)을 걸어 고유(告諭)하여 분발하게 하소서. 또 의병들의 집에는 급복(給復)을 시켜 신역을 면제하고, 의병이 올라올 때에는 관병과 똑같이 군량을 지급하여 모자라는 일이 없도록 하라는 내용으로 의병장 및 연도의 각 고을에 모두 하서하소서."

_〈조선왕조실록〉 선조 25년(1592) 7월 23일

선조는 피난길에서 비로소 백성들의 진심을 보았다. 나라가 위기에 처했을 때 개인의 안위를 버리고 목숨까지 바치는 백성들의 모습에서 선조는 믿어야 할 것이 바로 이들임을 알았다.

선조, 언문 교서를 내리다

처음 피난길에 오른 왕을 보고 백성들은 갈팡질팡 어찌할 줄을 몰랐다. 엎드려 통곡하는 자, 가마를 막고 저항하는 자, 적의 첩자가 된 자에 이르기까지 민심은 요동치기 시작했다. 평양에 머물러 있던 선조는 여전히 민심이 흉흉하다는 보고를 받는다.

> "상이 평양에 있었다. 이때에 왜적들이 멀리서 온 까닭에 지치고, 사방의 곡식을 말끔히 치워 버렸기 때문에 노략질하여도 소득이 없자, 가마니에 모래를 담아 강가에다 커다랗게 쌓아 위장해 놓고서 우리에게 축적된 곡식이 있는 것처럼 과시하였고, 강가에서 말을 달리기도 하고 혹은 성을 향하여 탄환을 발사하기도 하였다. 이어 강가에다 글을 걸어 놓아 강화를 끊임없이 요청하니, 성 안이 흉흉하여 조정 의논이 강계로 행행(行幸)하자고 하기도 하고 혹은 함흥으로 행행하자고 주청하기도 하였다."
>
> _〈조선왕조실록〉 선조 25년(1592) 6월 10일

중전이 함흥으로 길을 떠날 때 궁녀와 종들이 먼저 나가자 평양 군민들이 난을 일으켰다. 몽둥이로 궁인을 쳐 말 아래로 떨어뜨리는가 하면, 호조판서 홍여순은 길에서 성난 군민들에게 맞아 등을 다쳐 부축을 받고 돌아왔다. 백성들은 거리마다 칼과 창을 들고 서서 임금의 가마가 성을 빠져나가지 못하게 하였다. 선조에게는 민심을 달래는

것이 급선무였다.

그즈음 바닷가 마을에서는 갈대밭 문제로 민심이 또한 흉흉하였다. 갈대밭에서 농사를 짓던 백성들의 땅을 국가가 몰수하여 둔전(屯田)을 설치한 것이 말썽이었다. 백성들이 개간한 땅을 정부가 몰수하여 관공서 경비를 충당하기 위해 세금을 부과했으니 이를 두고 민심이 거세진 것이었다.

> "봉산·재령의 갈대밭에 둔전을 설치한 뒤로 관에서 그 이익을
> 얻고는 있으나 풍년과 흉년이 드는 해가 있고 기름지고 메마른
> 토지가 있는데 수량은 일정하므로 원망이 떼 지어 일어나고 도
> 망하는 자가 잇달고 있음은 물론, 공의(公議)가 불평해 온 지 오
> 래되었습니다. 그대로 둘 경우에는 백성들의 급한 사정을 구해
> 낼 수 없고 백성에게 줄 경우에는 분쟁의 단서만 일으키기에 족
> 합니다. 피차 분분하여 알맞은 계책이 없으니 즉시 혁파하여 민
> 심을 위로함이 어떻겠습니까?"

신하들은 부당한 세금 징수에 백성들이 분노해 있고 전쟁 중이라 형편이 어려워서 민심이 날로 사나워질 것이 우려되니 둔전을 폐지하자고 주장한다. 그러나 선조는 왜군과 싸워 공을 세운 사람에게 상으로 돌려주자고 제안한다. 민심도 회유하고 전쟁에도 참여시키겠다는 생각이었다.

"노전을 그냥 버리는 것은 온편하지 않으니, 사목(事目)을 만들거
나 교서에 군공(軍功)이 있는 사람에게 나누어 준다는 것을 첨가
하면 어떻겠는가?"

선조는 오직 믿을 것은 백성뿐이라고 여겨 어떻게 하면 백성들을
전쟁에 참여토록 할 수 있을지를 고민했다. 같은 날 선조가 황해도에
내리는 교서를 모든 백성이 알 수 있게 작성하라고 전교한 이유도 백
성들의 참여를 유도하기 위한 것이었다.

"황해도에 내릴 교서는 이미 지어 왔는데 사인(士人)들은 스스로
알아볼 수 있겠지만 그 나머지 사람들은 아마 알지 못할 것이다.
이 교서는 사인이 있는 곳에 효유(曉諭)하도록 하라. 또 이두를 넣
고 지리한 말은 빼어 버려 조정의 방문(榜文)처럼 만들고, 또한 의
병장이나 감사 등에게 언문으로 번역하게 하여 촌민들이 모두
알 수 있도록 하는 일을 의논하여 아뢰라."

_〈조선왕조실록〉 선조 25년(1592) 8월 1일

황해도에 언문으로 번역한 교서를 내린 지 10여 일 후인 8월 19일
에 선조는 다시 언문으로 방문을 작성하라고 전교한다.

"언서(諺書)로 방문을 많이 써서 송언신에게 보내어 민간을 효유
하게 하라. 들건대 유성룡이 어떤 중과 함께 북도(北道)에 가서 정

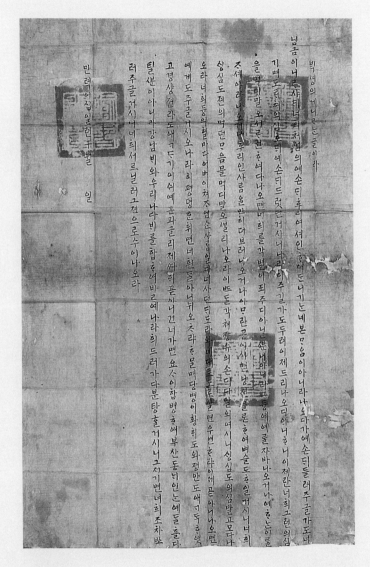

선조언문교서

선조가 1593년 반포한 언문 교서. 왜적의 포로가 되어 적진에 머무르고 있는 백성들에게 돌아올
것을 종용하는 내용이다. 왜적을 잡아 나오거나 정보를 캐 오면 상을 주겠다는 내용도 담겨 있다.
보물 951호. 권이도 소장. 부산시립박물관 보관

탐한다 하니, 또한 언서를 보내어 효유하게 하라."

_〈조선왕조실록〉 선조 25년(1592) 8월 19일

언서로 방을 써서 민간에 유포하도록 한 것은 백성들이 의병으로 참여해 주길 기대했기 때문이다. 그러던 중 9월 4일에 결정적인 사건이 터진다. 함경도로 피난 갔던 두 왕자 임해군과 순화군이 적장에게 사로잡힌 것이다. 두 왕자가 적의 포로가 되었다는 소식을 접하고 아연실색한 선조는 바로 칙서를 반포한다. 상황이 너무나 급박했다.

"이번의 칙서를 속히 반포하라. 또 언서로도 베껴 함경도에 많이 보내라."

_〈조선왕조실록〉 선조 25년(1592) 9월 4일

왕자들마저 포로가 되자 더더욱 백성들의 도움이 절실해졌다. 선조가 내린 칙서는 모두 언문으로도 번역되어 방방곡곡에 뿌려졌다. 내용은 대략 다음과 같았다.

"진실로 손에 침을 바르고 일어나서 우리 조종의 남아 있는 은덕을 저버리지 않는다면 내 관작을 아끼지 않겠다. 그 결과 살아서는 아름다운 칭송을 받게 되고 자손까지도 그 은택이 유전되리니 이 어찌 아름답다 하지 않을쏘냐?"

민심을 달래기 위해 둔전을 혁파하자는 신하들의 청에 전쟁에서 공을 세운 사람에게 땅을 돌려주자고 제안했던 선조가 이번에는 공을 세운 사람에게 관작까지 아끼지 않겠다고 교서를 내린 것이다.

피난하는 임금은 백성들에게 원성을 들을 수밖에 없었다. 도성과 백성을 버리고 도망가는 왕을 누가 좋은 눈으로 바라보겠는가. 더 나아가 지배 계층이던 양반과 관리들의 실망스러운 모습 또한 선조에게는 뼈아픈 일이었다. 그 와중에 백성들이 의병을 일으키고 노비들이 전쟁에 나가 공을 세운 일이 유일한 위안이었다.

선조는 바로 이러한 시점에 교서를 언문으로 번역하게 하고, 언문으로 방문을 만들어 반포하게 하였다. 민심을 달래고 또 한편으로는 백성들을 전쟁에 참여하도록 하기 위해서였다. 그 1년 후인 1593년 9월에는 왜적에게 투항한 백성들에게 돌아올 것을 종용하는 내용을 담은 언문 교서를 내리는데 이 또한 같은 맥락에서 나온 것이다.

여기서 우리는 다음과 같은 사실을 알 수 있다. 첫째, 임진왜란 당시 언문은 지배층과 피지배층 사이의 중요한 의사소통 수단이었다는 점이다. 언문 덕분에 왕의 말은 백성에게까지 순식간에 직접 전달될 수 있었고, 백성들은 전쟁이라는 위급한 상황에서 언문 교서를 통해 지침을 받을 수 있었다. 둘째, 임진왜란 당시 상당수의 백성들이 언문을 알고 있었다는 점이다. 임진왜란이 1592년에 발발했으니, 훈민정음 창제 후 약 150년이 지난 시점이었다. 그 사이에 언문은 일반 백성에게 중요한 소통의 도구로 자리 잡고 있었다.

왕실의 언문 교육

왕세자들의 공부 스트레스

　　　　1467년(세조 13년) 7월 11일, 세조는 시강원
필선 정효상을 나무랐다. 세자인 해양대군(훗날 예종)이 공부를 소홀히
한 채 활쏘기에만 몰두하고 있는데도 세자의 스승인 시강관들이 이를
지적하지 못했다는 것이 그 이유였다.

　임금이 사정전에 나아가서 봉원군 정창손·고령군 신숙주·능성
　군 구치관·영의정 심회·좌의정 최항·우의정 홍윤성·우참찬 김국
　광과 여러 장수와 승지 등을 불러 술자리를 베풀었다. 세자가 모시
　니, 임금이 필선 정효상에게 이르기를,

"옛날에 세종조에 있어서 문종이 세자였을 때, 서연관 최만리·박중림 등이 세자를 보익(輔翼)하는 데, 하나라도 조그마한 과실이 있으면 문득 간하여 마지않았다. 내가 지금까지도 생각하면, 이 두 신하는 그 직책을 능히 다하였다고 할 만한데, 우연한 사람들이 아니었다. 이제 그대들은 한 번도 선한 말을 진달하여 세자를 경계한 것을 듣지 못하였으니, 아첨하고 아유(阿諛)함이 심하다. 세자가 혹시 궁시(弓矢)를 일삼으면 그대들은 어찌 궁시를 그르다고 하지 않는가? 그대들이 비록 '문무는 편폐(偏廢)하는 것이 불가하다.'고 할지라도 어찌 세자와 더불어, '무를 그만두시고 문을 닦는 것만 같지 못하다.'고 말하지 아니하는가?"

_〈조선왕조실록〉 세조 13년(1467) 7월 11일

조선의 왕들은 세자 교육을 매우 중요하게 생각했다. 세자는 장차 왕이 되어 나라를 이끌어야 할 존재였기 때문이다. 만조백관을 거느리는 일은 얼마나 어려운 것인가? 정치 베테랑인 노정승부터 개혁과 비판 의식이 가득한 젊은 관리들까지 일일이 상대하여 정무를 처리하고 결정해야 한다. 국왕의 일은 처리해야 할 사항이 만 가지나 된다고 하여 '만기(萬機)'라고 부를 정도였다. 조선의 왕들이 세자의 교육에 큰 관심을 가졌던 것은 자신이 나라를 다스리면서 깨달은 경험에서 우러나온 것이었다. 자고로 한 나라의 왕은 지식과 견문, 덕이 깊어야 한다. 그렇지 않고서는 수많은 일을 올바로 판단하여 나라를 바르게 이끌기 어렵고 만조백관 앞에 떳떳하게 바로 서기가 어려운 것이다. 이에 대비하는 길은 공부밖에 없었다.

조선 시대 왕세자도 야간 보충수업을 받았고, 잦은 시험을 치렀
다. 왕세자의 하루는 공부의 연속이었다. 아침 수업인 조강, 낮 수
업인 주강, 저녁 수업인 석강, 간간이 야간 보충수업까지 받으며 중
국 고문들을 암기해야 했다. 약 스무 명이나 되는 스승들이 세자
시강원에서 교대로 숙직하면서 스물네 시간 왕세자의 학습을 지도
했다. 그 스승들로는 조선 사회 최고의 지식인들이 동원됐다. 인종
이 원자이던 시절에는 조광조가 스승이었고 세자 때는 이황이 스
승이었다.

조기 교육은 기본이었다. 조선 후기 왕들의 학업 진도를 기록한
〈열성조계강책자차제(列聖朝繼講冊子次第)〉에 따르면 왕들은 평균 다
섯 살에 교육을 받기 시작했다.

_〈KBS 역사스페셜〉, '조선판 공부의 신 왕세자 교육' 편

세자는 배우는 데서만 끝나는 것이 아니라 스승들과 왕 앞에서 배
운 내용을 전부 암기하는 시험도 치러야 했다. 천성적으로 학문하기
를 좋아하지 않는다면 매우 힘든 일과였을 것이다.

세자 교육에 지극했던 왕, 현종

세자 교육에 대한 기록은 〈현종실록〉에 가장 많이 나타나 있다.

좌참찬 송준길이 소장을 올려 온천에 가서 목욕하게 해 줄 것을
청하니, 상이 인견하였다. (중략) 상이 이르기를,
"지금 천기(天氣)가 이미 서늘하여졌으니, 경이 내려간다고 해도
반드시 목욕을 할 수 없을 것이다. 원자가 이미 상견례를 행했으
니 글을 배우게 해야 하는데 경이 내려간다면 누가 그를 교도(敎
導)하겠는가. 그리고 원자가 전에는 수염이 있는 사람을 만나기
싫어했는데 경을 만나고 난 뒤부터 항상 다시 만나보고 싶어 했
다. 오늘도 경이 들어왔다는 말을 듣고 방금 나와서 만나보려 하
고 있다."
하였다. (중략) 준길이 아뢰기를,
"지금부터 힘써 학문을 강론하게 함으로써 품성을 개도하여 증
익시켜야 하는데 강해야 할 글은 의당 〈효경〉으로 해야 합니다."
하니, 상이 이르기를,
"그렇기는 하지만 자음(字音)을 필시 알지 못할 것이니 먼저 〈훈
몽자회(訓蒙字會)〉를 강하게 하는 것이 어떻겠는가?"
하자, 준길이 아뢰기를,
"〈효경〉을 강하면서 겸하여 자서(字書)도 강하게 하는 것이 좋겠
습니다."

ㅣ伊只用、思不用初聲

初中聲合用作字例

ㄱㅏ가ㄱㅑ갸ㄱㅓ거ㄱㅕ겨ㄱㅗ고ㄱㅛ교ㄱㅜ구ㄱㅠ규ㄱㅡ그ㄱㅣ기ㄱ

以ㄱ其爲初聲以ㅏ阿爲中聲合ㄱㅏ爲字則가

此家字音也又以ㄱ役爲終聲合가ㄱ爲字則각

此各字音也餘倣此

初中終三聲合用作字例

ㄱ간ⓛ所갇ⓛ갈ⓓ감ⓑ갑ⓤ갓ⓥ강江

ㄱㅋ下各音爲初聲ㅏㅑ下各音爲中聲作字如가

非ㅎ作一百七十六字以ㄴ下七音爲終聲作字

初聲終聲通用八字

ㄱ其ⓐㄴ尼ⓐㄷ池ⓐㄹ梨ⓐㅁ眉ⓐㅂ非ⓐㅅ時ⓐ
役ⓐ隱ⓐ乙音邑ⓐ凝八音用於終聲
ㅋ其ⓐㄴ尼ⓐㄷ池ⓐㄹ梨ⓐㅁ眉ⓐㅂ非時ⓐ
兩字只取本字之釋俚語爲聲

初聲獨用八字

ㅋ箕ⓐㅌ治ㅍ皮ㅈ之ㅊ齒△而ㅇ伊ㆆ屎
ㅋ字亦取本字之釋俚語爲聲

中聲獨用十一字

ㅏ阿ㅑ也ㅓ於ㅕ余ㅗ吾ㅛ要ㅜ牛ㅠ由ㅡ應不用終聲

하였다.

_〈조선왕조실록〉 현종 6년(1665) 9월 5일

현종이 다섯 살밖에 안 되는 원자를 두고 교육을 어떻게 할지를 원
자의 스승 송준길에게 묻고 있다. 현종은 송준길을 잠시도 원자에게
서 떼 놓으려 하지 않는다. 송준길이 잠시 온천욕을 다녀올 수 있도
록 청하자 원자의 교육을 구실로 대며 허락하지 않을 정도였다. 오히
려 화제를 돌려 원자에게 어떤 책부터 읽히는 것이 좋겠는가를 묻는
다. 송준길이 〈효경〉부터 시작하는 것이 좋겠다고 하니 현종은 어린
아이가 한자를 잘 모르니 우선은 글자 음을 익히도록 〈훈몽자회〉부
터 배우게 하면 어떻겠냐고 한다.

〈훈몽자회〉는 중종 때 역관 최세진이 어린아이들을 위해 지은 한자
학습서로서 〈천자문〉이나 〈유합〉에 비해 한자의 수가 많아 한자 교육
에 중요한 역할을 했다. 무엇보다 이 책은 범례 부분에 '언문자모(諺文
字母)'라 하여 당시의 언문 체계와 용법을 설명하고 있어서 언문 학습
서로서의 가치도 함께 지니고 있었다. 현종은 어린 원자가 〈효경〉의
한문 글귀를 공부하기 전에 글자를 먼저 익힐 수 있도록 〈훈몽자회〉
를 배우게 하면 좋겠다는 판단을 한 것이다.

〈실록〉에 원자를 가르치는 보양관(輔養官)이라는 벼슬 이름이 등장
하는 것은 중종 때이다. 대개 의정부의 3정승과 종2품 이상의 고위 관
료가 원자 보양관을 맡았다. 보통 원자 교육은 다섯 살에 시작되었
고, 세자가 되고 나이가 들수록 교육의 강도를 점점 높여 갔다. 주로

〈천자문〉, 〈동몽선습〉, 〈효경〉, 〈소학〉, 〈격몽요결〉, 〈대학〉과 한문책을 공부했지만 그 외에 언문도 배웠다.

보모가 세자를 언문으로 가르치다

세자가 중국 고전을 공부한 동기는 매우 분명하다. 조선 사회의 정치 기반인 유학을 공부하고 중국 문물을 익히기 위한 현실적인 목적에서였다. 그런데 한문으로 된 중국 고전을 공부하면서 동시에 언문을 익힌 데는 어떤 이유가 있는 것일까?

세자가 언문을 익힌 중요한 목적은 왕실 여성들과 글로 소통하기 위해서였던 것으로 보인다. 조선 사회에서 왕실 여성들은 일정한 수준의 한문 능력이 있었지만 문자 생활에서는 철저하게 언문을 사용하였다. 왕실 남성들이 이들과 소통하려면 언문을 알고 있어야 했다. 세자는 장차 왕이 되어 위로는 대왕대비와 대비를 모시고, 또한 중전과 여러 빈들을 거느리고 아래로는 자녀인 공주들까지 건사해야 했다. 달리 말해 언문으로 소통해야 할 대상이 매우 많았다. 오늘날 전해지는 왕과 세자의 언문 글이 모두 왕실 여성들에게 보낸 개인 편지인 것을 보아도 상황을 짐작할 수 있다.

그러나 세자의 언문 학습은 세자 자신의 덕성 함양과 공부를 위한 목적이 더 컸던 것으로 보인다.

판부사 김덕원이 차자(箚子)를 올려, 춘방(春坊)으로 하여금 〈소학〉·〈효경〉 가운데에서 알기 쉬운 좋은 말을 뽑아 언서로 번역하여 동궁의 보모를 시켜 아침저녁으로 가르치게 하기를 청하니, 임금이 그대로 시행하게 하였다.

_〈조선왕조실록〉 숙종 17년(1691) 9월 13일

왕세자 교육은 덕성을 키울 수 있도록 옛 성현들의 어록을 담은 책을 가장 먼저 강독하는 것으로 시작했는데, 나이 어린 동궁이 한자를 깨쳐 그 내용을 깨닫기는 쉽지 않은 일이었다. 숙종 때에는 이에 대한 방편으로 언문을 아는 보모를 왕세자 교육에 투입했다. 보모가 동궁에게 아침저녁으로 덕성을 키울 만한 좋은 말들을 언문으로 가르치면 매우 효과적이라는 건의를 왕이 받아들인 것이다. 이처럼 훈민정음이 창제된 후에는 중국 고문을 쉽게 풀이할 수 있는 번역이 가능하였으므로 왕세자 교육에 한문 고전과 이를 언문으로 풀이한 언해본이 함께 쓰였다.

언문은 한문을 읽고 공부하기 위한 기본 도구였다. 한자 학습을 할 때 언문으로 독음을 달면 정확한 한자음 학습이 된다. 또 한문 책 속의 좋은 말들을 언문으로 번역한 후 일상에서 익히면 세자의 덕성을 기르는 데 훨씬 효과적이었다.

좌상 홍명하가 상차하기를,

"원자가 현재 강독하고 있는 책을 다 마치면 〈소학〉을 강독해야 하는데, 언해에 잘못된 곳이 꽤 있으니 지금 바로잡아야 하겠습니다. 고(故) 상신 이항복이 일찍이 고 찬성 이이가 지은 〈집주〉 한 질을 올렸는데, 훈국(訓局)에 보내어 약간 부를 인쇄하여 중외에 반포하였습니다. 대개 그 책의 규례는, 〈논어〉·〈맹자〉에서 나온 정문(正文)은 모두 주자의 본주(本註)만을 따르고, 그 밖에는 여러 설을 참고하여 단점은 버리고 장점은 취하여 매우 정밀하게 저울질하고 가늠하였습니다. 다만 그 언해에 있어서는 구본(舊本)을 그대로 사용하였는데, 구본은 바로 정유의 설에 따라 언해한 것이므로 이 〈집주〉와 크게 다른 부분이 많습니다. 예조로 하여금 유신에게 물어보고 〈집주〉에 의거하여 언해를 찬정하도록 하여 주와 언해가 서로 어긋나는 곳이 없게 하소서."

하니, 상이 예조로 하여금 지방에 있는 유신에게 가서 물어보게 하였다.

_〈조선왕조실록〉 현종 7년(1666) 10월 11일

홍명하는 원자의 〈소학〉 공부를 위한 언해 부분에 오류가 많으니 이를 수정해야 한다고 상소하고 있다. 〈소학〉은 왕세자에서부터 시골의 학동에 이르기까지 반드시 읽어야 했던 조선 사회의 필독서로서 인격 수양과 덕성을 키우기 위한 책이다. 즉 조선 시대 기초 윤리 교육을 위한 국정교과서라고 할 만한 책이었다. 이율곡이 쓴 〈소학집주〉는 성현들의 주해를 참고하여 〈소학〉의 내용을 풀이한 책이다. 그런데 〈소학〉을 언문으로 해석한 부분에 이율곡의 〈소학집주〉와 달리 오류가 있으니 이를 확인하여 고쳐야 한다는 요청이었다. 이를 보면 당시 원자가 〈소학〉을 배울 때에 언해본 교재를 같이 사용했었다는 사실을 알 수 있다.

조선의 후세 교육을 위해 언문으로 번역한 책이 단지 〈소학〉이나 〈효경〉과 같은 기초 소양 교재에만 한정된 것은 아니었다. 아직 세자의 학문이 깊지 않아 한문에 대한 문리(文理)가 트이지 않았을 경우에는 각 한문 교재에 언문 풀이를 곁들였다.

시강원이 아뢰었다.

"본원이 입달(入達)한 바 〈대학〉 주각(註脚)을 언해로 풀어야 되는지의 여부를 사부(師傅)에게 물어보라고 왕세자가 하령(下令)하였기에, 사부 김수항에게 물어보았더니 '왕세자의 문리가 이미 장족의 발전을 보이고 있으니 주각을 언해로 풀지 않더라도 스스로 이해가 가능할 것이니, 강관(講官)은 구절마다 해석을 하고, 왕세자는 언해는 제외하고 송독(誦讀)하는 것이 마땅할 듯하다.' 하였습니다."

_〈조선왕조실록〉 현종개수실록 14년(1673) 2월 29일

왕세자는 언해가 된 책으로 공부를 하다가 점차로 한문 실력이 쌓이면 그때부터는 한문으로만 공부를 하였다. 분명히 언문은 조선 사회에서 한문과 구별되는 특별한 문자 기능을 가지고 있었다. 특히 기초 교육에서 언문은 한자가 할 수 없는 교육 효과를 냈다.

공부 안 하는 종친들, 어떻게 가르칠 것인가

특히 왕의 종친 교육에서 언문은 그 역할이 컸다. 조선에서 종친이란 국왕의 자식 가운데 왕세자 이외의 왕자들을 일컫는다. 이들은 일정한 나이가 되면 종친부의 작위를 받고 국가로부터 녹봉을 지급받는 계층이다. 종친들은 명목상으로는 일반 관리의 최고 등급인 정1품보다 지위가 높았다. 그러나 조선의 양반들이 벼슬길에 오르기 위해 학문에 매진할 때 종친들은 그런 부담에서 벗어나 있었다. 우선 종친들은 과거를 통해 관리로 나갈 수 있는 길이 막혀 있었으므로 공부에 매진할 마땅한 명분이 없었다. 거기에 국가로부터 일정한 경제 지원이 있었으므로 생계를 위한 공부를 할 필요가 없었다. 그러다 보니 종친들 중에는 공부를 게을리하고 유희만 즐기는 사람들이 많았다. 왕에게 이러한 종친들의 교육은 골칫거리가 아닐 수 없었다.

임금이 말하기를,

"대군 이하 여러 군들이 혹은 종학(宗學)에 나가거나, 혹은 궁중에 있으면서 비록 배우고 있으나, 날마다 유희만 일삼고 학문에는 부지런하지 않으므로, 하루에 읽는 것이 10여 자에 불과하여 세월만 허비해서 마침내 실효가 없으니, 지금으로부터 대군 이하는 장유(長幼)를 물론하고 모두 종학에 나가게 하고, 따로 교관(敎官) 1, 2명을 설치하여 조석으로 권과(勸課)해서 경사를 강론하게 하고, 엄중하게 과정을 세워서 태만하고 소홀히 하지 않도록 할 그 방법이 어디에 있을까. 승정원이 회의해서 아뢰도록 하라."

_〈조선왕조실록〉 세종 18년(1436) 5월 7일

당시 세자가 아닌 대군들은 여덟 살부터 쉰 살까지 매일 종학에 나가 학문을 익히도록 하고 있었는데, 중간에 〈소학〉과 〈사서〉 중 한 권이라도 일찍 떼면 공부를 마치도록 하였다. 그러나 책을 못 떼더라도 쉰 살이 되면 자동으로 종학의 공부는 면제되었다. 그럭저럭 보내기만 하여도 나이가 차면 자동으로 종학에 나가는 일이 면제되었기 때문에 종친들 중에는 공부를 게을리하는 사람들이 많았다.

천성이 학문하기를 좋아했던 세종은 그런 대군들의 태도가 몹시 마음에 들지 않았다. 종학에 모여 공부는 하지 않고 날마다 유희만 즐기고 하루에 읽는 글자가 열 자에 불과할 정도라고 대군들을 나무라며 그 대책을 마련해 오라고 하교한다.

후에도 조선 왕실은 종친들의 교육을 위해 각종 유인책도 쓰고 때로는 벌도 내렸다. 또한 언문 교재를 동원하기도 했는데, 사실 나이가 어리거나 공부가 더딘 종친들을 상대로 기본적인 인성과 덕성 교육을 하자면 내용을 쉽게 전달할 수 있는 언문으로 풀이된 교재가 필수였다.

윤대하고 경연에 나아갔다. 처음으로 〈대학연의〉를 강하였는데, 임금이 동궁에 있을 때 서연관에게 명하여 〈대학연의〉를 언자로써 어조사를 써서 종실 가운데 문리가 통하지 않는 자를 가르치려고 하였다. 이때에 이르러 또 경연관으로서 대독(對讀)을 하는 자에게 명하여, 경사(經史)의 운서를 널리 상고하여 주해를 달고 소간(小簡)에 써서 날마다 이를 아뢰게 하고, 임금이 주필(朱筆)로 친히 점(點)을 더하거나 지웠다.

_〈조선왕조실록〉 문종 즉위년(1450) 12월 17일

종부시가 〈소학〉 및 〈소학언해〉를 인쇄하여 나이 어린 종친 자제들이 읽고 익힐 수 있게 해 주기를 청하니, 상이 따랐다.

_〈조선왕조실록〉 현종개수실록 9년(1668) 8월 6일

그러나 자발적 동기가 없는 종친들은 여전히 공부에 마음을 두지 못하였던 것 같다. 한문 원전을 강하기는커녕 언문으로 해석된 부분도 제대로 알지 못했다. 이들의 나태함에 애꿎게도 종친들의 스승인 종부시가 문책을 당하였다.

임금이 집경당에 나아갔다. 종신 내외가 입직하고 문신이 입직하였는데, 내삼청 무겸관과 훈국·금위영의 장관에게 강을 시험 보였다. 전교를 쓰라고 명하기를,

"종신이 비록 얼마 안 되지만 한 번 금권(金圈)한 뒤로 대부분 회피하고 있다. 옛날에는 가마를 탄 사람이면 모두 강을 하였다고 들었는데, 지금 한 사람이 경서 1장을 강하는데도 강하는 장의 언해도 잘 알지 못하니, 사체(事體)가 한심스럽다. 종부시 제조를

중하게 추고하라."

조선 사회에서 한문을 익혀 입신양명을 하고 벼슬길에 나가야 하는 사대부 계층을 제외한다면, 언문은 그 목적이 무엇이었든지 한문보다 사용자층이 더 넓었다고 할 수 있다. 왕족의 교육에도 언문을 필수로 사용하였고 한문 전용 계층인 사대부 남성들조차 여성들과 문자 소통을 원하는 경우에는 반드시 언문을 사용해야 했으므로 언문이 어떤 의미에서는 조선의 공용 문자였다고 볼 수도 있다.

사대부,
언문 편지를 쓰다

관리가 되려면 언문을 익히라

새 문자로 한자음을 익히다

　세종이 집현전 학자들과 더불어 비밀 프로
젝트로 새로운 문자인 훈민정음을 만들고 나서 곧바로 한 일은 새 문
자의 효용성에 대한 검증 작업이었다. 우선은 한문으로 쓰인 불경을
훈민정음으로 번역하게 하고, 당시 혼란스럽게 쓰이고 있던 한자음을
훈민정음으로 정리하였고, 훈민정음이 독자적인 문자 기능을 잘할
수 있는가 보기 위하여 노래를 짓기도 하였다. 한자음을 정리한 운서
인 〈동국정운〉과 〈용비어천가〉, 〈월인천강지곡〉 등이 이 과정에서 만
들어진 작품이다.

　무엇보다도 훈민정음은 혼란스럽던 중국 한자음을 바로잡아 주는

발음기호 역할을 충실히 수행했다.

대사헌 홍양호가 상소하기를,

"(중략) 대저 한인(漢人)들의 말은 곧 중화의 정음(正音)입니다. 한번 진(晉)나라 시대에 오호(伍胡)들이 서로 어지럽힌 이후부터는 방언이 자주 변하게 되고 자음(字音)도 또한 위작(僞作)이게 되었지만 그래도 그 유사한 것에 따라 진짜 음을 찾아낼 수 있습니다. 우리나라의 어음(語音)은 가장 중국의 것에 가까웠었는데, 신라와 고려 이래에 이미 번해(翻解)하는 방법이 없었기에 매양 통습하는 어려움이 걱정거리였습니다. 오직 우리 세종대왕께서 하늘이 낸 예지로 혼자서 신기를 운용하여 창조하신 훈민정음은 화인(華人)들에게 물어보더라도 곡진하고 미묘하게 된 것이었습니다.

무릇 사방의 언어와 갖가지 구멍에 나오는 소리들을 모두 붓끝으로 그려 낼 수 있게 되는데, 비록 길거리의 아이들이나 항간의 아낙네들이라 하더라도 또한 능히 통하여 알게 될 수 있는 것이니, 개물성무(開物成務)한 공로는 전대의 성인들도 밝혀 내지 못한 것을 밝혀 낸 것으로서 천지의 조화와 서로 가지런하게 된 것이라 할 수 있습니다. 이를 가지고 한음(漢音)을 번해해 나가면 칼을 만난 올이 풀리듯 하여, 이로써 자음을 맞추게 되고 이로써 성률(聲律)도 맞추게 되었기 때문에 당시의 사대부들은 대부분 화어를 통달하게 되어, 봉사(奉使)하러 나가거나 영조(迎詔)하게 될 적에 역관의 혀를 빌리지 않고도 메아리치듯 주고받게 되었던 것입니다."

_〈조선왕조실록〉 정조 7년(1783) 7월 18일

훈민정음을 창제하기 전의 조선의 문자 상황은 이러했다. 중국의 한자음은 본토에서조차 진나라 이후 여러 번 역사의 주인이 바뀌면서 많이 달라지고 틀린 음도 많아졌다. 그러는 중에도 조선 사회에서는 가능하면 중화의 정음에 가장 가까운 음을 고증하여 익히려고 하였다. 그러나 신라와 고려 이래에 한자음을 바르게 번역하여 적을 수 있는 방법이 없어서 늘 어려움을 겪고 있었다. 한자 한 글자를 놓고도 제각각 발음하고 또 이를 전사하는 경우에도 각각의 한자로 대응해 놓았으므로 사람들마다 같은 한자어에 대해서도 다른 발음으로 말하는 경우가 허다하였다. 이런 혼란은 중국 사신을 맞이하는 경우 문제가 되지 않을 수 없었다. 중국어를 능숙하게 통역할 수 있는 관리가 매우 부족했고 더러는 글자를 잘못 써서 국가적 곤란을 겪기도 하였다. 그런데 세종대에 이르러 훈민정음을 창제하여 한자음을 정확하게 표기하니 사대부들이 이를 바탕으로 중국어에 통달하게 되어 역관의 힘을 빌리지 않고도 중국과 교류할 수 있게 되었다고 〈실록〉은 전하고 있다.

문서 업무를 언문으로

새 문자는 한자 음운을 정착시키는 데 큰 효과를 발휘했을 뿐만 아니라 직접적인 표기 수단으로도 쓰였다. 세종의 주도면밀한 실험은 성공적이었다. 그동안 조정 대신들에게는 알리지 않고 집현전의 젊은 학자들과 비밀리에 수행한 새 문자 창제 작업의 노고가 일시에 풀리는 듯했다. 세종은 자신감을 얻어, 그 다음 단계로 훈민정음을 상용할 수 있는 방안을 모색하여 백성들에게 문자 생활의 혜택을 누리게 하고자 했다.

> "내가 만일 언문으로 〈삼강행실〉을 번역하여 민간에 반포하면
> 어리석은 남녀가 모두 쉽게 깨달아서 충신·효자·열녀가 반드시
> 무리로 나올 것이다."
>
> _〈조선왕조실록〉 세종 26년(1444) 2월 20일

세종이 백성들을 교화하고자 한 바람은 한 나라의 국왕으로서 당연한 일이었다. 백성들이 일상에서 충효 사상을 실천하게 하려면 〈삼강행실〉에 실려 있는 효자와 열녀 이야기를 백성들이 읽을 수 있도록 만들어야 했다. 그 역할을 언문이 맡은 것이다.

그러나 세종에게는 새 문자의 창제가 백성 교화의 목적만 지닌 것은 아니었다. 관리들도 언문을 익힌다면 공적 업무를 처리하는 데 큰 도움을 얻을 수 있을 것으로 확신했다. 그간 공사 문서의 오류로 억

울하게 옥살이를 하거나 원통한 일을 당하는 백성들이 많았고 관리들은 또 공문서를 처리하느라 시간을 많이 들여야 하는 폐단이 없지 않았다. 이를 개선하려면 관리들이 언문을 제대로 익힐 필요가 있었다. 문제는 지금까지 공사 문서를 한문이나 이두에 의존했던 관리들에게 새 문자를 어떻게 보급할 것인가였다.

　　이조에 전지하기를,

　　"정통 9년 윤7월의 교지 내용에, '함길도의 자제로서 내시·다방(茶房)의 지인(知印)이나 녹사(錄事)에 소속되고자 하는 자는 글씨·산술·법률·〈가례(家禮)〉·〈원속육전(元續六典)〉·삼재(三才)를 시행하여 입격한 자를 취재하라.' 하였으나, 관리 시험으로 인재를 뽑는 데에 꼭 여섯 가지 재주에 다 입격한 자만을 뽑아야 할 필요는 없으니, 다만 점수(分數)가 많은 자를 뽑을 것이며, 함길도 자제의 삼재 시험하는 법이 다른 도의 사람과 별로 우수하게 다른 것은 없으니, 이제부터는 함길도 자제로서 관리 시험에 응시하는 자는 다른 도의 예에 따라 육재를 시험하되 점수를 갑절로 주도록 하고, 다음 식년부터 시작하되, 먼저 〈훈민정음〉을 시험하여 입격한 자에게만 다른 시험을 보게 할 것이며, 각 관아의 관리 시험에도 모두 〈훈민정음〉을 시험하도록 하라."

　　하였다.

_〈조선왕조실록〉 세종 29년(1447) 4월 20일

세종은 관리를 뽑는 과거 과목에 〈훈민정음〉을 넣도록 지시하였다. 주로 중하급 관리들을 뽑는 시험이었다. 예나 지금이나 공사 업무는 상당 부분 문서로 처리해야 하는 일들이 많다. 날마다 쌓이는 공문서를 중하급 관리들의 한문 실력으로 처리하기는 만만치가 않았을 것이다. 어려운 한문 문장을 대신하기 위해 구결이나 이두를 활용하기도 했다.

구결은 토 하나 없이 다닥다닥 붙어 있는 한문 문장에 우리말 토를 달고 어미를 붙여, 끊어 읽기에 도움을 주고 해석의 순서를 표시하는 방법이었다. 이때 쓰인 구결 문자는 한자어를 약체화시켜 극도로 단순화한 한자계 문자이다. 이두는 한자의 음과 훈을 빌려 우리말을 기록한 문자 체계였다는 점과 대부분 문법형태소를 적는 데 한정되어 쓰였다는 점에서 구결과 같았다. 그런데 이두는 실질적인 의미를 갖는 한자 어휘들을 우리말 어순에 따라 배열한 것이 특징이다. 따라서 이두문은 한문 원전을 번역할 때 사용하기도 하고 원전과 상관없이 우리말을 적을 때도 사용했다. 구결이 주로 한문 문장을 읽을 때 사용됐다면 이두는 공문서와 같은 문서 작성에 이용되었다.

공문서 작업을 위해 구결이나 이두를 사용했다고는 하지만 두 가지 방법이 모두 한문 문장의 보조 역할을 하는 것이었으므로 기본적인 한문 실력이 없다면 문자 생활은 여전히 어려운 일이었다.

"신라 설총의 이두는 비록 야비한 이언(俚言)이오나, 모두 중국에서 통행하는 글자를 빌려서 어조에 사용하였기에, 문자가 원래

서로 분리된 것이 아니므로, 비록 서리나 복예의 무리에 이르기까지라도 반드시 익히려 하면, 먼저 몇 가지 글을 읽어서 대강 문자를 알게 된 연후라야 이두를 쓰게 되옵는데, 이두를 쓰는 자는 모름지기 문자에 의거하여야 능히 의사를 통하게 되는 때문에, 이두로 인하여 문자를 알게 되는 자가 자못 많사오니, 또한 학문을 흥기시키는 데에는 도움이 되었습니다."

_〈조선왕조실록〉 세종 26년(1444) 2월 20일

최만리가 상소에서 밝히고 있듯이 공문서에 이두문을 쓰려고 해도 기본적으로 한문을 읽을 수 있어야 가능했다. 그러니 공문서 쓰기의 어려움을 근본적으로 해소하기 위해서는 다른 방법이 필요했다. 세종이 각 관청에 명하여 관리들이 훈민정음을 익히도록 한 이유가 여기에 있다. 훈민정음은 쉽게 배워 쓸 수 있는 문자였다.

교육과정에 언문 과목을 반영하다

그런데 관리들에게 언문을 가르쳐 행정의 편의를 돕고자 하니, 이같은 언문 보급이 자칫 조선의 문자 생활 전반을 바꿀까 두려워하는 최만리의 상소가 뒤따랐다.

"만약에 언문을 시행하오면 관리된 자가 오로지 언문만을 습득

하고 학문하는 문자를 돌보지 않아서 이원(吏員)이 둘로 나뉠 것
이옵니다. 진실로 관리된 자가 언문을 배워 통달한다면, 후진이
모두 이러한 것을 보고 생각하기를, 27자의 언문으로도 족히 세
상에 입신할 수 있다고 할 것이오니, 무엇 때문에 고심 노사(苦心
勞思)하여 성리의 학문을 궁리하려 하겠습니까.

이렇게 되오면 수십 년 후에는 문자를 아는 자가 반드시 적어져
서, 비록 언문으로써 능히 이사(吏事)를 집행한다 할지라도, 성현
의 문자를 알지 못하고 배우지 않아서 담을 대하는 것처럼 사리
의 옳고 그름에 어두울 것이오니, 언문에만 능숙한들 장차 무엇
에 쓸 것이옵니까. 우리나라에서 오래 쌓아 내려온 우문(右文)의
교화가 점차로 땅을 쓸어버린 듯이 없어질까 두렵습니다."

_〈조선왕조실록〉 세종 26년(1444) 2월 20일

최만리는 관리들에게 언문을 익히게 하면 단지 스물일곱 자로 능
히 모든 글을 쓸 수 있는데 무엇 때문에 고심 노사하여 성리의 학문을
궁리하겠느냐며 언문 보급을 강력히 반대한다. 하긴 그렇다. 스물일
곱 글자로 모든 소리를 다 표현하고 제 뜻을 다 실을 수 있는데, 굳이
어려운 한문을 공부하려는 사람이 있겠는가? 최만리는 이 점을 걱정
하였다.

그러나 이 같은 강력한 상소에도 세종의 뜻은 꺾이지 않았다. 세종
은 한문은 한문대로의 고유 기능이 있고 언문은 언문대로의 문자 기
능이 있다는 점을 확신하는 듯했다. 세종의 언문에 대한 신념은 아들

세조 대에 이르러 더욱 강화되었다.

예조에서 아뢰기를,

"〈훈민정음〉은 선왕께서 손수 지으신 책이요, 〈동국정운〉·〈홍무
정운〉도 모두 선왕께서 찬정하신 책이요, 이문(吏文)도 또 사대에
절실히 필요하니, 청컨대 지금부터 문과 초장(初場)에서 세 책을
강하고 사서·오경의 예에 의하여 분수(分數)를 주며, 종장(終場)에
서 아울러 이문도 시험하고 대책의 예에 의하여 분수를 주소서."
하니, 그대로 따랐다.

_〈조선왕조실록〉 세조 6년(1460) 5월 28일

예조에서 문과 초장에 〈훈민정음〉, 〈동국정운〉, 〈홍무정운〉의 세 책
에 대한 읽기 시험을 치르도록 하자는 건의를 올리자 세조가 이를 수
락한다. 이어서 세조 10년에는 성균관 유생들의 교육과정에 다른 책
들과 더불어 〈훈민정음〉도 강할 수 있는 과목으로 포함하자는 건의
가 나온다.

"구두(句讀)에 정하게 익숙하고 의리에 널리 통하여 10품이 다
첫째 자리에 있는 자를 다음 재(齋)로 올리고, 아무 재의 생도라
고 칭하게 하고, 역재(易齋)에 이르거든 3번 통하는 자는 매 식년
에 바로 회시(會試)에 나가게 하소서. 또 식년에 거자(擧子)에게 사
서·삼경을 강하게 할 때 다른 경서를 강하고자 자원하는 자와,

〈좌전〉·〈강목〉·〈송원절요〉·〈역대병요〉·〈훈민정음〉·〈동국정
음〉을 강하고자 하는 자도 들어주소서."

_〈조선왕조실록〉 세조 10년(1464) 9월 21일

언문만 공부할까 두렵습니다

언문은 중하급 관리의 임용 시험뿐만 아니라 일반 문과 시험이나
성균관 유생들의 교육과정에도 보급되었다. 아마도 새 문자를 접한
관리들은 놀라움과 감탄을 금치 못했으리라. 언문은 문자 생활에 한
계를 느꼈던 계층뿐만 아니라 유생들과 사대부들 사이에도 퍼져 나
갔다.

그런데 행정 문서 쓰기와 같은 실용 기능 외의 학문 영역에 언문
이 미친 영향은 어떠했을까? 당시 동아시아에서 학문의 본류가 중국
이었으니 한문에 능통하지 않고 학문을 한다는 것은 상식에 어긋나
는 일이었다. 이런 신념이 조선 사회는 더욱 확고했다. 일상을 편리하
게 만드는 데는 언문이 한문보다 월등하지만 언문은 단지 소통의 도
구일 뿐 학문의 대상이 된다고 여기지는 않았다. 수많은 조선의 사대
부들이 일상의 언어와 학문의 언어를 구분하여 언문과 한문이라는 두
개의 수단을 유지한 것도 바로 이러한 이유 때문이었다. 사실 세종 자
신도 관리들에게 언문을 익히게 하려는 목적을 일상의 소통 기능에
두었지, 조선의 문자 생활을 모두 바꾸려고 했던 것은 아니었던 듯하

2장 사대부, 언문 편지를 쓰다 77

다. 새 문자 시행에 대해 극구 반대 상소를 올렸던 최만리를 제외하고는 세종이나 사대부들 중 누구도 언문이 한문 생활에 지장을 줄 만큼 영향력을 가질 것이라고는 보지 않았다. 그런데 언문은 나날이 백성들 사이에, 또 관리들 사이에 심지어는 유학을 공부하는 선비들 사이에 퍼져 나갔다.

이렇듯 언문이 성행하자 그 폐단을 지적하는 상소가 뒤따랐다.

> 남구만이 말하기를,
> "식년 문과는 3년마다 33명을 뽑는데, 단지 구송(口誦)만 취하니, 문의(文義)는 전혀 해득하지 못합니다. 그래서 외딴 시골의 거친 사람은 혹은 언문을 어려서부터 습득하다가 과거에 오르게 되면, 서찰의 수응(酬應)도 하지 못하기 때문에, 바야흐로 지금 문관이 사람의 수는 비록 많다고 하더라도 삼사의 관직에는 매양 사람이 없음을 근심하고 있으며, 경외(京外)의 시관도 간혹 구차스럽게 채우니, 경장(更張)이 없을 수 없습니다."
>
> _〈조선왕조실록〉 숙종 10년(1684) 9월 11일

남구만은 세태를 비판하면서 문과에 응시하는 유생들 중에 어려서부터 언문으로 글을 익혀 읽기만 하다가 정작 과거에 오르게 되면 한문 편지 한 장을 쓰지 못하는 이들이 있다고 지적한다. 그래서 지금 문관의 수는 많지만 한문을 잘 아는 사람이 없고 시험 감독관을 구하는 일도 구차할 만큼 빈궁한 상태라고 상소하고 있다. 그리하여 이후

로는 과거 내용을 개선하여 글을 잘 쓰는 사람이 문과의 관리로 선발되도록 해야 한다고 주장한다.

이는 당시 유생들이 공부를 할 때에 한문 원전에 언문 독음을 단책으로 공부하고 그나마 읽기에만 치중하여 정작 한문 글쓰기는 형편이 없어서 한문 편지에 대응하는 답장 한 장도 쓸 수 없을 만큼 학문의 질이 낮아졌다는 이야기다. 다른 각도에서 해석하면 언문을 통한 문자 생활의 편리함이 일반 백성들뿐만 아니라 유생들에게도 널리 퍼져 나갔다는 증거이기도 하다. 중국에 대한 사대가 중요한 정치사상인 당시의 조선에서 언문의 확산은 사대부들에게 걱정거리가 아닐 수 없었다.

비밀을 담은 언문 편지

글은 다른 사람과 의사소통을 하기 위한 행위이다. 글로써 안부를 묻기도 하고 때론 억울함을 호소하기도 하고 보고를 올리거나 명령을 내리기도 한다. 이때 자신의 글이 상대방에게 잘 읽히도록 하려면 읽는 사람이 누구인가를 알고 이에 맞게 쓰는 일이 매우 중요하다. 글을 쓰기 전에 상대방의 연령, 직업, 교육 정도, 성별 등을 고려하여 글의 문체와 어휘를 다르게 선택하기도 하고 심지어 문자를 달리하기도 한다.

조선 시대야말로 글을 쓸 때 읽는 사람이 누군가에 따라 문자를 달리 썼다. 좀 더 엄격히 말하면 조선 시대는 이중 문자 사회였다. 한자와 언문이 각각의 사용자층과 범위를 차지하고 있었다고 말할 수 있다. 일반적으로 볼 때 한자는 소위 상위 계층의 남성들 즉 사대부들이 주로 사용하였고 언문은 중류층 이하 남성들과 대부분의 여성들이 사용하였다. 이러한 문자의 사용 권역은 조선 사회의 신분 제도만큼이나 엄격하였다. 사대부 계층의 남자들은 공식적인 문자 생활에서 언문을 쓰는 일이 드물었고 반대로 상민이나 여성들이 한문으로 문자 생활을 하는 경우는 거의 없었다. 한문과 언문이 각각 독립적인 기능을 수행하였다고 말할 수 있다.

그런데 조선의 사대부들은 이중적 문자 생활을 한 것으로 보인다. 공식적으로는 한문 문화만을 향유하는 계층이었지만 필요에 따라 언문을 사용하곤 했다. 그 필요란 무엇이었을까? 바로 여성 계층과의 소통을 위한 필요였다. 아내, 어머니, 시집 간 딸, 심지어는 첩에 이르기까지 자신을 둘러싼 여성들에게 글을 쓸 때 사대부들은 반드시 언문을 사용하였다.

딸의 죽음을 위장하기 위한 언문 밀서

연산군 2년 3월 20일 도승지 권경우는 초계 지방에서 발생한 사건 하나를 연산군에게 고한다. 사건은 초계 지방 군수 유인홍의 집에서 일어났다. 유인홍의 딸이 누군가에게 살해된 것이다. 의금부에서는 유인홍의 첩을 유력한 용의자로 보고 잡아들여 국문할 예정이었다. 그런데 피해자의 아버지인 유인홍이 와서 자신의 딸은 타살이 아니라 자살이니 첩을 국문하려는 일을 멈추어 달라고 하였다. 유인홍의 진술에 따르면 자신이 초계 군수로 부임한 첫날에 딸이 면포를 팔러 온 상인에게서 종들에게 줄 월급 쌀로 물건을 샀기에 심히 나무랐더니 딸이 이를 비관하여 여러 날을 밥도 먹지 않고 있다가 혼인에 쓸 칼로 목을 찔러 스스로 목숨을 끊었다는 것이다.

그러나 유인홍의 말은 의심이 가는 구석이 많았다. 나이 어린 여자가 칼로 목을 찔러 자살했다는 게 범상한 일이 아니며 또한 딸이 죽었는데 그 아비가 슬퍼하기보다는 오히려 범인으로 지목된 첩을 보호하려고 나섰으니 그 행적이 정상적인 상황으로 이해되지 않았다.

이 사건은 단순한 살인 사건이 아니라 치정이 얽히고 거짓 증언이 관여한 복잡한 양상으로 전개되어 갔다.

의금부가, 유인홍이 그의 첩과 상통한 언문 편지와 그 언문 편지를 전달한 사람들을 탐지하여 문초하여서 아뢰니, 왕이 보고 곧 승정원에 내리며 전교하기를,

"지금 언문 편지를 보니, 인홍이 반드시 교사한 것이다. 이것으로 보면 바로 불 리가 만무하니, 비록 형신할지라도 반드시 자복하지 않을 것이다. 천하에 어찌 이런 일이 있으랴. 이 사건을 맡은 승지 및 금부 당상이 만약 진상을 알아내지 못한다면, 그 책임을 면하지 못할 것이니, 빨리 추궁하여 진상을 알아내라."

하고, 또 전교하기를,

"인홍은 비록 문신이나, 그 마음과 행실이 이러하니, 어떻게 임금을 섬기랴. 내 생각으로는 인홍은 매우 어질지 못한 자이다. 경들

의 생각은 어떠한가?"

_〈조선왕조실록〉 연산 2년(1496) 3월 29일

의금부에서 수사를 진행한 결과 유인홍이 자신의 첩 무적과 언문 편지를 주고받으며 이번 사건을 딸이 자살한 것으로 몰고 가도록 한 듯한 정황이 포착되었다. 유인홍의 딸은 스스로 목숨을 끊은 것이 아니라 살해된 것으로 보였다.

"유인홍이 이르되 '다른 적자가 없고 오직 외딸 하나뿐인데, 천 성이 또한 영리하므로 항상 애중히 여겼다. ……' 하니, 그 딸이 누차 무적의 과실을 그 아비에게 고하였기 때문에 무적이 원망이 쌓여서 찔러 죽이게까지 되었다는 것은 있을 수 있는 일이거니 와"

_〈조선왕조실록〉 연산 2년(1496) 윤3월 14일

이 사건은 유인홍의 첩이 하인과 간통을 하다가 적실의 딸에게 들 통이 나자 알려질까 두려워 종들과 공모하여 딸을 죽인 것으로 결론 이 나고 있었다. 그런데도 유인홍은 하인들까지 단속해 가면서 딸의 죽음을 자살로 몰아가려고 했다. 이로써 유인홍은 비록 딸의 죽음에 직접 관여하지는 않았다고 할지라도 사건을 정직하게 고하지 않고 심지어는 거짓 증언을 하였으므로 중죄를 면치 못하게 되었다. 특히 연산군은 아비와 자식의 정보다 첩의 근신을 더 염려하는 유인홍의 처사가 매우 부당하다고 판단하였다.

"인홍의 말에, '신이 나윤경의 말을 듣고 나서 또 신의 종놈이 길가는 사람에게 들으니, 초계의 첩이 그 적녀를 찔러 죽였다 한다.' 하므로, 신이 처음 듣고서 생각하니, 딸년이 죽은 것이 마침 신이 외지에 나갔을 때이며, 또 신이 돌아오기를 기다리지 않고 바로 소렴(小斂)하였으니, 자못 의심스러웠습니다. 그러나 집안의 불상사를 남의 입에 오르내리게 하고 싶지 않고, 또 첩이 의심스런 일로써 죄를 얻을까 두려웠습니다. 가령 딸이 비록 사실로 자결하였을지라도 사람들이 장차 신에게 전혀 돌보지 않아서 그렇게 된 일이라 할 것이므로, 신이 이것이 싫어서 숨긴 것입니다.' 하였습니다."

하니, 승정원에 전교하기를,

"인홍은 그 첩이 애매하게 죄를 얻을까 염려하였으니, 이는 첩을 중히 여기고 딸을 경히 여긴 것이다. 무릇 사람이 새가 죽는 것만 보아도 측은히 생각하여 그 죽게 된 까닭을 구명해야 할 것인데, 지금 인홍은 딸이 칼에 찔려 죽은 것을 보고도 조금도 마음 아파하지 않고 도리어 첩과 거짓말을 꾸며 대서, 딸이 발광하여 스스로 목 찔러 죽었다 하고, 또 일찍이 그 종들에게 가르치기를, '만약 추문하거든 이렇게 대답하라.' 하고, 애기 밴 지 6~7삭이었다는 말을 하게 하였으니, 이로써 미루어 보면 인홍이 반드시 그 모의에 참여하고도 바른대로 말하려 하지 않은 것이다. 이것으로써 끝까지 국문하라."

_〈조선왕조실록〉 연산 2년(1496) 윤3월 8일

유인홍의 자백에 따르면 자신이 집에 없을 때에 딸이 죽었다는 소식을 전해 듣는다. 그러나 이미 일어난 일로 더 이상 집안일이 사람들의 입에 오르내리는 것이 싫었고 또한 첩이 임신 중이었으므로 이를 불쌍히 여겨 거짓을 꾸민 것이라고 진술했다.

마침내 사건은 백일하에 드러나고 거짓 증언을 교사한 유인홍은 모든 직첩을 박탈당한 후 유배형에 처해지고 무적은 살인죄로 신문을 받던 중 감옥에서 죽는다.

사건의 증거 자료가 된 언문 편지

연산군 11년에 사대부의 언문 편지가 얽힌 또 하나의 사건이 터진다. 이는 한곤이라는 관리가 자신의 첩에게 건넨 언문 편지가 발단이 되어 일어났다.

연산군은 왕위에 오르자 채홍사를 두어 전국에서 기녀를 선발하도록 하였다. 이들을 운평이라 불렀는데, 중급 관리였던 한곤은 자신의 첩이 기녀로 뽑힐 것을 염려하여 첩에게 몸을 꾸미지 말 것을 당부하는 언문 편지를 쓴다. 그런데 불행하게도 그 편지가 발각이 되고 만 것이다.

2장 사대부, 언문 편지를 쓰다 85

한곤은 의금부로 끌려가 신문을 당한다. 생각해 보면 한곤이 자신의 첩에게 당부의 편지를 쓴 것은 죄라고 보기 어렵다. 앞일을 모르는 상황에서 가까이 지내는 이의 신변을 걱정하는 것은 인지상정 아니겠는가? 그러나 당시에는 왕의 권력이 기형적으로 뻗어 있었고 정상적인 행정이 이루어지지 않고 있었기에 편지를 쓴 한곤은 왕을 능멸하고 불충을 저지른 대역 죄인으로 몰렸고 결국 능지처참이라는 극형 판결을 받게 된다. 연산군이 한곤에게 판결을 내리면서 덧붙인 명분은 실로 아연할 따름이다.

> 전교하기를,
> "한곤이 그의 첩 채란선에게 언문 편지를 통하여 '예쁘게 꾸미지 말라. 예쁘게 꾸미면 뽑힐 것이 틀림없다…….' 하였는데, 대저 운평은 국가의 공물이거늘, 이와 같이 변변치 못한 자가 스스로 차지하여 제 것을 삼았으니, 죄가 능지하여 마땅하다."
> 하였다.
>
> _〈조선왕조실록〉 연산 11년(1505) 5월 24일

훈민정음이 창제된 후 조선 사회에는 이전 시대와는 달리 유난히 문서로 인한 남녀의 치정 사건이 많았다. 이는 남성들이 언문을 통하여 아녀자들과 문자 생활을 누릴 수 있게 되었기 때문일 것이다. 일상에서 남녀 사이에 오간 언문 편지는 아무런 문제가 되지 않았다. 그러나 치정에 얽힌 사건이 터졌을 때 언문 편지는 중요 증거 자료가 되었다.

언문 편지가 빌미가 되어 비극을 초래한 사건은 연산군 대에만 있었던 것은 아니다. 명종 8년에는 유교 사회인 조선에 큰 충격을 던진 패륜적인 내용의 사건이 일어난다.

고(故) 영의정의 처 이씨가 어느 날 사헌부에 억울함을 알리는 상소문 한 통을 올렸다. 이씨의 양손자 윤사철이 양조모인 자신의 몸을 더럽히고 5개월 만에 낙태를 시켰다는 말이 퍼지고 있으니 이를 조사하여 그 경위를 반드시 밝혀 주기를 바란다는 내용이었다. 그런데 상소에서 지목된 윤사철도 호소하기를 자신을 무고하는 자들이 있으니 이를 조사해 달라고 하고 있었다.

사헌부에서 사건을 맡아 조사한 뒤 명종에게 올린 보고의 내용은 다음과 같다.

헌부가 아뢰기를,
"고 영의정 윤인경의 처 이씨가 본부에 소장을 올리기를 '가옹(家翁)의 양손 윤사철이 내 몸을 더럽히고 5개월 만에 낙태를 시켰다는 말을, 사철과 그의 아우 윤사신 등이 사람들에게 퍼뜨렸는데(사철은 사람들이 수군대는 말을 듣고 자신을 변명하기 위하여 먼저 발설하였다―원문 주) 이 사람이 어디에서 들었는지 사간(事干)을 추고하여 밝혀 주기 바란다.' 하였고, 상인(喪人) 윤사철도 본부에 소장을 올리기를 '전에 용강 현령이 되었을 때 하인들이 절취한 관물을 일일이 도로 가져다 놓게 하였더니 그들이 이 일로 혐의를 품고 입에 담지 못할 말을 꾸며낸 것이다. 옥에 나아가 변명하겠다.' 하였습니다. 그 원장(元狀)을 금부로 보내어 추국하여 밝히게 하소서."

하니, 답하기를,

"지금 계사를 보니 몹시 해괴하다. 일이 강상에 관계되니 아뢴 대
로 하라."

하였다. 정원이 금부의 뜻으로 삼성 교좌(三省交坐)로 추국하기를 청
하니 아뢴 대로 하라고 전교하였다. 우선 의수(사철의 첩이다-원문 주)
및 다른 사간을 추고하였으나 아무런 단서도 얻지 못하였다. 헌부
가 다시 아뢰기를,

"윤사철은 본디 광패한 사람으로 전날 용강 현령이 되었을 때 패
려한 일을 많이 행하였는데, 상인(喪人)을 협박하여 고기를 먹게
까지 하였으므로 인심을 크게 잃었습니다. 하인들이 그를 원망
하고 있을 때에 마침 의수가 큰소리를 한 일이 있어 이로 인하여
퍼진 것입니다. 사철은 부끄러워하면서 몸 둘 바를 몰라야 하는
데도 버젓이 인근 고을의 수령들과 더불어 잔치를 베풀 때 공공
연하게 떠들어 놓고, 온 도내의 사람들이 모두 안 뒤에야 아우인
사신을 시켜서 사람들과 통의(通議)하도록 하였습니다. 그러고는
일이 크게 벌어지게 되자 윤억이 꾸며 낸 말이라고 하는가 하면
혹은 사신이 퍼뜨린 말이라고 하면서 앞뒤로 말을 바꾸어서 두
사람에게 죄를 뒤집어 씌웠으니, 그 반복 흉악함이 이루 말할 수
없습니다."

_〈조선왕조실록〉 명종 8년(1553) 12월 12일

〈실록〉에 따르면 윤사철은 본디 광패하여 용강현의 현령으로 있을 때 마을 사람들에게 인심을 많이 잃었다. 거기에 더하여 숙부의 첩과 간통하였고 아버지의 상중에 기녀를 취하였다. 알려진 행위만으로도 그는 이미 죄를 받을 만하였다. 그런데 상소는 그런 내용을 문제 삼은 것이 아니었다. 윤사철이 양조모와 간통하였다는 소문이 돌고 있으니 이에 대한 진실을 밝혀 달라는 것이었다. 윤리를 강조하는 조선 사회에서 이 소문이 사실이라면 실로 엄청난 패륜이었다. 명종은 사건의 중요성을 감안하여 이를 의정부 정승과 의금부 관리, 사헌부의 관리들이 모여 수사하도록 하는 이른바 삼성추국을 거치도록 명하고 있다.

정황을 파악하기 위해 사건과 관련된 사람을 여덟 명이나 불러 신문하였다. 그 결과 엉뚱하게도 윤사철의 첩이 소문의 발원자라는 사실을 알게 되었다. 윤사철은 예전에 첩 의수에게 평생토록 버리지 않겠노라는 다짐을 적은 언문 편지를 주었으나 그 약속을 지키지 않고 의수를 쫓아낸다. 이에 앙심을 품은 의수는 윤사철이 이전에 양조모에게 보낸 언문 편지를 취하여 수중에 가지고 있다가 그 내용을 들어 윤사철을 협박하게 된 것이다. 그 편지의 내용이 밝혀져 있지는 않지만 아마도 연서의 성격이 짙었던 것 같다.

의금부에서는 과연 의수가 퍼뜨린 소문처럼 윤사철이 그런 패륜적 악행을 저질렀는지를 알아내려고 하였다. 신문 과정에서는 윤사철이 쓴 언문 편지 두 통이 중요한 검증 자료로 제시되었다. 윤사철은 다른 죄목은 다 인정하였지만 양조모와 관련된 부분은 인정하지 않았다. 신문을 받는 도중 윤사철은 형장 아래에서 죽었다.

윤사철이 죽어 버렸기에 사건의 진실은 파묻혔지만 사대부 남자가 쓴 언문 편지는 비밀스런 상황을 세상에 알리는 단서가 되고 말았다.

정치적 계략의 중심에 선 언문 밀계

〈실록〉의 기록을 보면 사대부 남자의 언문 편지는 주로 남녀의 치정에 얽힌 개인적인 사건에 많이 등장하지만 국가의 일을 도모하거나 개인의 정치적 욕심을 채우려는 정치 사건에도 나타난다. 광해군 시절 이이첨과 김 상궁 개시 또한 그 주인공이었다.

이이첨을 예조판서로 삼았다.

녹훈(錄勳)한 이래로 이이첨이 이미 높은 품계에 올랐기 때문에 삼사의 장관이 될 수 없었으며 또 판서의 직임은 대임할 자리가 없었다. 그러나 단지 훈봉(勳封)만으로 관각을 겸대하여 비록 권력 있는 직위에 있지는 않았지만 항상 조정의 논의를 주도하여, 한때의 청현직에 있던 자들의 전후의 논핵을 모두 자신이 재단하여 처리하였다. 그래서 사대부들의 거마가 골목이 차고 넘치도록 찾아와서 밤낮으로 문전성시를 이루었고 두려워하여 빌붙는 사류들도 또한 많았다. 이때 이르러 비로소 이정귀를 대신하여 예조판서가 되었는데, 얼마 지나지 않아 대제학을 겸하였다. 그리하여 오로지 과거에 합격시켜 주는 것으로써 후진들을 낚자, 이익을 탐하고 염치가 없는 무리들이 그의 문에 모여들었는데, 이이첨은 곡진하게 예로 그들을 접대하며 사림이라고 불렀다. 대각이 먼저 발론하기 불편한 큰 의논이 있을 때마다 모두 스스로 소장의 초안을 잡아 그의 추종자들에게 나누어 주어 올리게 하고는 초야의 공론이라고 이름 하였다. 그 가운데서도 심각하고 음험한 함정에 관련된 것은 모두 밀계를 사용하였는데, 가장 은밀한 것은 언문으로 자세하게 말을 만들어 김 상궁으로 하여금 완곡히 개진하게 하여 반드시 재가를 얻어 내고서야 그만두었다.

_〈조선왕조실록〉 광해 5년(1613) 8월 11일

이이첨이 광해군 대에 실권을 장악하자 그의 권력에 빌붙으려는 사대부 무리들로 집 앞이 문전성시를 이루었다. 이이첨은 이들을 과거에 합격시켜 주면서 자신의 무리를 불려 나갔고 공론화하고픈 의견은 스스로 소장을 써서 자신의 무리에게 나누어 주어 상소를 올리도록 조작하였다. 그 가운데서도 가장 은밀한 사안은 언문으로 자세하게 써서 김 상궁에게 보내 왕에게 완곡히 개진하도록 하여 반드시 허락을 얻어 냈다.

이이첨과 김 상궁 사이에는 수없는 언문 편지가 오갔다. 광해군이 인조반정으로 물러나기 전까지 국가의 중대사는 이이첨과 김 상궁 사이에 오간 언문 편지에 담겨 있었다.

정음청 혁파 사건

정음청(正音廳)은 원래 세종 대에 만들어진 기관이다. 처음에는 언문청으로 불리다가 문종 대에 이르러 정음청이 되었는데, 말 그대로 훈민정음과 관련한 여러 책들을 간행하던 곳이었다. 세종 28년(1446) 11월 8일자 〈실록〉에는 "드디어 언문청을 설치하여 사적을 상고해서 용비시(龍飛詩)를 첨입하게 하니"라는 대목이 나온다. 언문청에서 〈용비어천가〉의 간행을 맡았다는 내용이다. 이러한 언문청은 집현전 안에 있던 특별 관청이었다. 훈민정음이 집현전에서 만들어졌다면, 새로운 문자를 이용해 여러 책들을 간행하는 작업을 언문청이 담당한 것이다.

그런데 세종이 승하하고 문종이 즉위하자마자 신하들은 그런 정음청을 없애야 한다고 주장한다.

대사헌 안완경이 아뢰기를,

"주상께서 일찍이 신 등에게 이르시기를, '정음청의 주자(鑄字)를 이미 주자소에 환부하였다.'고 하여, 명을 듣고 실로 기뻐하였는데, 다시 들으니 그 반을 정음청에 남겨 두어 긴요하지 않은 책을 모인(模印)하고, 대군으로 하여금 감독하게 한다고 하므로, 신 등은 그윽이 미혹합니다. 옛부터 인군(人君)은 사(私)가 없고 반드시 유사(有司)에게 붙여 책임지고 이루게 하였을 뿐입니다. 또 전날의 교지를 가볍게 고칠 수가 없으니, 청컨대 빨리 혁파하소서."

하니, 임금이 말하기를,

"정음청은 내가 설치한 것이 아니다. 대군들이 서적을 인쇄하고자 하여, 이 때문에 가서 감독하는 것이다. 나는 일상의 일이라고 생각하였기 때문에 이를 금지하지 않았다."

_〈조선왕조실록〉 문종 즉위년(1450) 11월 1일

문종은 세종의 첫째 아들이며 1450년 2월 세종이 승하하자 바로 왕위를 물려받았다. 그런데 즉위한 이후부터 줄곧 신하들에게서 정음청을 없애라는 거센 공격을 받는다. 문종은 정음청이 선대왕 때 만들어진 것이고 왕자들이 책을 인쇄하고 있으니 그냥 두자고 하지만, 신하들은 완강히 폐지할 것을 주청한다. 도대체 그 이유가 무엇이었을까?

정음청에서 불경을 간행하다

"정음청은 오늘에 세운 것이 아니라 일찍이 이미 설치한 것인데, 하물며 그 폐단도 별로 없는 경우이겠는가? 너희들의 뜻이 반드시 나더러 불교를 좋아하여서 불경을 찍으려 하여 그러한 것이라고 하겠으나, 그러나 나는 잠시도 불교를 좋아하는 마음이 없다. 만약 마음으로 성심껏 불교를 좋아하면서도 '불교를 좋아하지 않는다.'고 한다면 마음이 실로 스스로 부끄러울 것이다. 대군 등의 무리가 불경을 찍는 일과 같은 것을 내가 어찌 금하겠는가?"

_〈조선왕조실록〉 문종 즉위년(1450) 10월 28일

문종은 신하들의 닦달에 정음청이 무슨 폐단이 있느냐고 하소연한다. 또한 왕자들이 그저 불경을 찍는 것이 그렇게도 나쁜 것인가 반문하면서 정음청을 폐지할 마음이 없음을 드러낸다.

신하들이 집착하는 것은 다름 아닌 '불경'이었다. 그러나 불경이 문종 때부터 간행되기 시작한 것은 아니었다. 이미 세종 대에 정음청에서 〈석보상절〉, 〈월인천강지곡〉을 간행하지 않았던가.

세종은 부인 소헌왕후를 끔찍이 사랑했다. 소헌왕후는 지극한 정성으로 내조를 했고 여러 왕자를 낳아 왕실을 번성케 하였으니 그 공이 매우 크지 않을 수 없었다. 그러나 아버지가 역적으로 몰려 죽임을 당하고 왕후의 지위가 위태로워졌던 때도 있었으니 세종은 부인

에게 늘 미안한 마음을 갖고 있었다. 소헌왕후는 독실한 불교 신자였고, 이 때문에 세종은 즉위하자마자 대궐에 부처를 모신 내불당을 짓기도 했다. 그런 왕비가 1446년에 먼저 세상을 떠나자 세종은 왕비의 명복을 빌기 위해 둘째 아들 수양대군에게 석가의 전기를 엮게 하였고 이렇게 해서 간행된 것이 〈석보상절〉이다. 이 책을 본 세종이 감동을 받아 자신도 직접 부처를 칭송한 노래 5백여 곡을 지으니 그 책이 〈월인천강지곡〉이다. 이런 책들을 모두 정음청에서 활자로 찍어 내었던 것이다.

성리학을 숭상하는 유교의 나라에서 왕이 나서 그것도 궁궐 안에서 불경을 간행한 일을 신하들은 받아들이기 힘들었다. 그렇지만 왕권이 막강했던 세종 때에는 아무 말도 하지 못했다. 그러다가 문종이 즉위하자 불경 간행을 문제 삼고 나온 것이었다. 이른바 초기에 기를 꺾자는 심사였다.

신하들의 공세가 거세지자 이를 간파한 문종은 정음청에서 〈소학〉을 간행하라 명한다. 〈소학〉은 유교 경전 중에 가장 기초가 되는 책이니 이런 책을 간행한다면 정음청을 유지할 수도 있을 것이라는 생각에서였다.

> "요즈음 헌부에서 여러 대신들과 여러 번 불가하다고 말하므로,
> 내가 이를 혁파하고자 하나, 그러나 지금 〈소학〉을 인쇄하는데
> 끝내지 못하였으니, 끝마치기를 기다려 혁파하겠다."
> _〈조선왕조실록〉 문종 즉위년(1450) 11월 1일

"정음청은 〈소학〉의 인쇄를 끝낸 뒤에 마땅히 다 주자소에 돌리 겠다."

_〈조선왕조실록〉 문종 즉위년(1450) 11월 9일

그 후 40여 일이 지나 〈소학〉의 인쇄가 끝나자 왕은 다시 정음청을 살릴 방안을 고안해 내었다.

"근일에 정음청에서 〈소학〉을 인쇄하기를 마쳤으니, 그 주자는 마땅히 주자소에 내려 주어야 한다. 그러나 들으니 본소(本所)가 협착하여 갈무리할 만한 곳이 없다고 하니, 그대로 정음청에 두 고 주자소의 관리로 하여금 왕래하면서 감독하고 맡아 보게 하 는 것이 어떠하겠는가?"

_〈조선왕조실록〉 문종 즉위년(1450) 12월 17일

정음청에 있는 활자들이 너무 많아 모두 주자소에 보내기가 어려 우니 정음청에 그대로 두고 주자소의 관리가 양쪽을 다 감독하면 어 떻겠느냐는 말이다. 왕은 신하들의 눈치를 보고 있었다. 이에 도승지 이계전은 "한곳에 합하여 두는 것이 마땅하며, 두 곳에 나누어 두고 왕래하면서 이를 맡아 보게 할 수가 없습니다." 하고 여지없이 왕의 의견을 묵살해 버렸다. 정음청을 폐지하고픈 마음이 그만큼 앞섰던 것이다.

신하들은 정음청을 폐지하는 것에서 멈추지 않았다. 이곳을 군사들

의 갑옷을 만드는 곳으로 활용하자고 나섰다.

참찬관 이계전이 아뢰기를,

"(중략) 정음청의 일은 대간에서 이를 말하였고, 대신도 또한 이를 말하였습니다. 이제 곧 이를 혁파하여 주자소에 내보내니 사람들이 모두 기뻐합니다. 그러나 사람들이 말하기를, '정음청의 간각(間閣)이 많고 또 견고하니, 무용(無用)의 장소를 만들지 말고 이곳에다 다른 일을 다시 시작하는 것이 마땅하다.'고 합니다. 이제 과연 상의원(尙衣院)과 군기감(軍器監)으로 하여금 여기에 모이게 하여 갑옷을 만든다면, 신은 생각건대 국가에서 비록 무사한 날을 당하더라도 병기와 갑옷은 정련하지 아니할 수 없는 것인데, 하물며 대적(大敵)이 국경에 임한다는 보고가 있으니 병기와 갑옷 만드는 일을 늦출 수가 있겠습니까?"

_〈조선왕조실록〉 문종 즉위년(1450) 12월 24일

건물이 튼튼하니 놀리지 말고 갑옷 만드는 곳으로 활용하면 더 없이 좋다는 말이다. 정음청의 건물이 군기감에서 사용할 만큼 튼실하다는 이유라지만, 실은 불경을 간행하던 정음청이 신하들에게는 그만큼 '불경(不敬)'한 장소였음을 말해 주는 사건이다. 문무(文武)의 구별이 존재했던 당시에 이 같은 조치는 정음청의 위상을 깎아 내리는 일에 다름 아니었다.

유교 나라에서 불교가 웬말인가

"신민들은 눈을 씻고 유신의 교화를 크게 기대하는데, 불씨(佛氏)
를 섬기는 폐단이 날로 성하여 번지니, 대소 신민들이 마음 아파
하고 실망합니다."

문종 즉위년(1450) 10월, 우사간 대부 최항이 불교의 폐단에 대해 문
종에게 올린 상소의 한 구절이다. 최항이 누구인가. 세종 때 집현전
학사로서 정인지 등과 함께 훈민정음 창제에 참여했던 인물이 아닌
가. 〈용비어천가〉를 지었고 〈동국정운〉, 〈훈민정음해례〉 등의 편찬에
참여했던, 세종의 최측근이었던 그가 바로 세종의 아들 문종에게 이
같은 상소를 올려 불교를 숭상하는 왕실의 폐단을 신랄하게 지적하
면서 왕에게 반성하고 불교를 버릴 것을 강요하고 있는 것이다.

"더구나 전하께서는 세종과 소헌왕후가 편찮았을 때를 당하여
부지런히 지극한 정성을 기울여 그 극진한 방법을 써 보지 아니
함이 없었으나, 마침내 털끝만 한 보응(報應)도 없었으니, 그 무망
함을 더욱 환하게 보셨습니다. 이미 마음으로 무망함을 알고도
반드시 숭신(崇信)하려 하시니, 신 등은 그것이 옳은지를 알 수 없
습니다."

최항은 문종의 가장 아픈 곳을 건드리며 불교를 공격한다. 어머니

소헌왕후가 투병하고 있을 때 전국의 사찰에서 불공을 드리고 왕실에서도 지극 정성으로 불공을 드렸지만 결국 허망하게 어머니를 저 세상으로 보내지 않았는가, 아무 효력도 없었던 일을 직접 경험해 보고도 왜 반성하지 못하는가 되묻고 있는 것이다.

그렇다면 최항을 비롯한 신하들이 왕실의 불교 숭상을 이처럼 끈질기고도 모질게 비난하는 이유는 무엇이었을까? 그것은 다름 아닌 백성들에게 미치는 영향이 매우 컸기 때문이다.

> "종실 귀척(貴戚)의 집에서 그 복례(僕隷)로 하여금 포백(布帛)을 가지고 밀촉(蜜燭)을 바꾸는 자가 산군(山郡)에 끊이지 않으니, 밀촉의 생산은 그 수가 한정되어 있는데, 비록 수령이라 하더라도 어찌 관(官)의 준비를 쉽게 하겠습니까? 반드시 민간에서 거두어서 그 수요에 응할 것이니, 수납할 즈음에 백성들이 오히려 이 때문에 마음이 괴롭지 않겠습니까?"

왕실에서 불교를 가까이 하니 귀족들도 불교를 가까이 하고 그러면서 불공을 드릴 때 사용할 초가 모자라는 지경에 이르렀다. 조선시대에는 벌꿀을 이용하여 초를 만들었는데, 초의 수요가 늘어나자 벌꿀이 더 필요했고, 벌꿀을 대기에 급급한 백성들은 원성이 점점 높아만 갔다. 흉년이 들어 먹을 것도 변변치 않았던 백성들에게는 곤욕스러운 일이었다.

"또 듣건대 충청도 보은현에 창건하는 복천사는 지극히 사치하
고 화려하다 하는데, 그 재목과 기와를 운수하고 단청을 마련하
는 것은 모조리 백성들에게서 나왔습니다."

불사를 창건하고 단장하는 데 드는 비용도 모두 백성의 고혈을 짜
서 만들어 내는데, 아무 효력도 없는 불교에 이처럼 많은 비용을 들이
는 일을 어찌 왕실이 계속 앞장서서 하고 있느냐는 비난인 셈이다. 신
하들은 개국한 지 얼마 되지 않은 조선이 성리학적 전통을 빨리 뿌리
내려야만 나라의 위신과 토대가 굳건해진다고 믿었다. 그러기 위해서
는 백성들을 교화해야 했다. 교화란 성리학 정신을 어리석은 백성에
게 깨우쳐 주는 것이 아니던가? 이러한 시점에서 불교를 숭상하는 행
위는 풍속을 어지럽히고 국정을 문란케 하는 주범으로 지목될 수밖
에 없었다. 최항은 맹자의 말을 인용해 가면서 문종을 질책한다.

"맹자가 말씀하시기를, '사람은 족히 책(責)할 것이 못되고 정사는
족히 비난할 것이 못된다.'고 한 것은 다름이 아니라 오로지 임금
의 마음의 잘못을 바로잡는 것만을 간절히 여겼던 것입니다."
_〈조선왕조실록〉 문종 즉위년(1450) 10월 30일

유교의 성인인 맹자의 말을 인용하여 임금의 잘못을 엄중히 꾸짖고
있는 것이다. 유교로 무장한 신하들에게 불교는 반드시 없애야 하는
공공의 적이었으니, 이를 감싸고 있는 왕실은 공격을 받을 수밖에 없

었다.

숨은 표적은 환관

신하들이 강력하게 정음청의 혁파를 주장한 데에는 또 하나의 숨은 이유가 있었으니, 다름 아닌 환관에 대한 견제가 그것이다.

"따로 정음청을 설치하여 환관으로 하여금 맡아 보게 하고, 잠실(蠶室)의 별좌(別坐)를 혁파하여 환관으로 대신시키고, 군기감의 공작하는 근만(勤慢)을 환관으로 하여금 규찰하게 하고, 또 도설리(都薛里)의 인신(印信)을 만들어 주고, 또 환관으로써 전향사를 삼으니, 이처럼 세력이 커진다면 임금을 가릴 조짐을 가히 알 수 있습니다."

문종은 환관인 내시들을 중용했다. 정음청을 관리하게 하고 병기를 제조하고 조달하는 관청인 군기감을 감독하게 했을 뿐 아니라 나라의 제사에도 관여하게 하고 특히 누에를 기르던 지역인 잠실의 관리도 환관에게 맡겼다. 명주를 만들어 내는 누에는 하늘이 내린 벌레라고 해서 매우 신성시했으며 국가 차원에서 양잠업을 육성하기 위해 왕이 잠실을 세우고 이를 직접 관장하고 있었으니, 환관의 위세가 어느 정도였는지는 짐작이 가고도 남는다. 신하들은 환관의 세력화를 걱정하고 이를 견제할 필요가 있었다.

문종은 이에 중국의 사례를 들면서 환관을 중용하는 것이 전혀 문제가 되지 않는다고 주장한다.

> "중국 조정에서는 모두 환시(宦寺)에게 일을 맡기는데, 환시는 성질과 행동이 굳세고 곧아서 사무를 능히 판비(辦備)하므로 일을 맡겨서 부릴 수가 있기 때문이다. 그러므로 근일에 내가 궁내의 몇 가지 일을 주었더니, 그들이 굳세고 곧아서 능히 사무를 판비할 수 있음을 알았기 때문에 엄자치에게 군기감의 일을 검핵하게 하였는데, 특히 이러한 감(監)뿐만 아니라, 봉상시(奉常寺)에도 항상 이 무리들을 보내어 여러 가지 일을 검핵하고자 한다."

그렇다면 문종은 왜 환관을 중용했을까? 〈실록〉에 따르면 문종의 아버지인 세종은 환관을 매우 엄격하게 다스렸다. 권력을 왕 자신에게 집중시키고자 한 것이었다. 그러나 병약했던 문종은 즉위하면서 권력을 온전히 틀어쥐지 못했다. 신하들은 유교를 내세워 처음부터 왕을 공격하였고, 왕은 왕권을 지킬 여유가 없었다. 결국 문종은 환관을 자기 세력으로 끌어들이면서 신권을 견제하고 자신의 권력을 강화하려고 했던 것이 아닐까. 이러한 상황에서 환관 세력이 자연스럽게 등장한 것으로 보인다.

> "너희들의 말을 내가 오직 청종(聽從)하지 아니하는 것만은 아니

다. 간혹 시행할 만한 일이 있으면 여러 대신에게 의논하여 이를 시행하고, 그것이 시행할 만한 일이 못되면 어찌 너희들 5, 6명의 유생의 말을 가지고 모두 옳다고 하여서 다 따를 수 있겠느냐? 너희들이 오늘 한 말은 모두 자질구레하여서 들어줄 수가 없는 말이다."

_〈조선왕조실록〉 문종 즉위년(1450) 10월 28일

문종은 신하들의 빗발치는 항의에 차마 들어줄 수가 없을 정도로 '자질구레'하다고 답했다. 문종이 보기에 신하들이 주장하는 정음청 혁파는 정음청 자체의 문제를 넘어 딴 꿍꿍이가 분명 있는 것이었다. 정음청을 앞에 내세웠지만 결국 불교를 버리라는 압박이었고, 또한 환관들을 경계하려는 의도가 거기에 깔려 있었다. 이러한 신하들의 심중을 간파한 문종은 '자질구레'하고 대꾸할 가치도 없는 것이라 대응한 것이다. 그러나 이후에도 정음청에 대한 신하들의 상소는 계속되었고, 결국 정음청은 책을 찍는 대신 갑옷을 만드는 곳으로 바뀌게 되었다.

문종이 일찍 승하하고 나이 어린 단종이 즉위한 해(1452) 6월 18일에는 승진하지 못한 신하 가운수가 수양대군을 헐뜯고 정음청을 비난하는 사건이 벌어졌다. 단종은 의금부에 하명하여 가운수를 국문하고 장 백 대를 때리는 벌을 내린다. 그러나 어린 왕이 권력을 장악하기는 어려운 일이었고, 결국 정음청은 단종 즉위년 11월 2일 폐지되고 말았다.

3장

여성의 삶과 언문

언문 연서의 비극

수양아들과 어미 사이에 오간 편지

남녀 사이는 매우 은밀하고 개인적인 관계이다. 둘 사이가 어느 정도인지는 겉으로만 봐서는 판단하기 어렵다. 이러한 남녀 사이가 결국에는 세상에 노출될 위험을 맞이하는 때가 오는데, 대개는 둘 사이에 오간 편지나 사진이 우연히 다른 사람들에게 발각이 되면서부터이다.

조선 중종 29년(1534)에 영산 지방 현감으로 있던 남효문은 아내의 간음 사실을 알고 분한 마음을 이기지 못하여 소주를 지나치게 마신 뒤 죽고 말았다. 그 소문이 삽시간에 장안에 퍼졌다. 사헌부에까지 흘러들어 간 이 얘기는 마침내 왕에게까지 전해진다. 반역죄와 강상죄

(綱常罪)를 가장 중죄로 여기던 당시로 보면 엄청난 충격이 아닐 수 없었다. 사대부의 부인이 간음하였다는 사실만으로도 조선 사회가 들썩거릴 일이었다. 그런데 더욱 기겁할 일은 그 간음 대상이 수양아들이라는 것이었다.

> "고(故) 영산 현감 남효문이 아들이 없어서 동성(同姓)의 족질 남순필을 수양아들로 삼아 집에 드나들게 했습니다. 남효문의 아내가 겉으로는 수양아들이라 하면서 속으로 음탕한 욕심을 품어 한곳에서 침식을 하며 몰래 서로 간통하기를 오랫동안 계속하여 자못 추한 소문이 퍼지게 되었지만 남효문만 알지 못했습니다. (중략) 남효문이 실정과 상황을 다 알고는 분개해서 화를 견디지 못하여 그의 어미와 통곡하다가 소주를 지나치게 마시고 드디어 스스로 죽고 말았습니다."

〈실록〉에서는 남효문의 처와 수양아들 사이에 오간 언문 편지가 남효문에게 전달되면서 비극이 일어난 것으로 전하고 있다. 그러나 그 편지의 내용은 나와 있지 않으며, 다만 남효문이 노비에게서 건네받은 편지를 보고 분을 참지 못하였다는 내용이 소개되고 있다. 편지에는 음탕하고 더러운 내용이 가득하였다는 기록을 보면 남녀의 진한 애정 표현이 자세하게 나타나 있었던 모양이다.

> "영산 현감이 되어 부임한 뒤에 어떤 사람이 순필의 언간을 가지

고 있다가 잘못 남효문에게 전했는데, 남효문이 봉함을 뜯고 자세히 보니 편지 전체가 온통 음탕하고 더러운 말들로 가득하였습니다. 남효문이 그 편지를 가지고 늙은 어미와 함께 앉아 그의 아내를 불러다가 추궁하자 그 아내가 실상을 속이지 못하여 말이 막히는 데가 있었습니다."

_〈조선왕조실록〉 중종 29년(1534) 5월 10일

이 사건은 남효문이 죽어 버림으로써 원고의 고발이 뒤따르지는 않았다. 그러나 추한 소문은 삽시간에 퍼져 나갔고 그 정황이 워낙 패륜적이라 고발은 없었지만 사헌부에서는 사건을 직접 다루게 된다. 결국은 의정부, 사헌부, 의금부의 관원들이 합하여 패륜을 범한 죄인을 국문하는 삼성추국의 과정까지 거친다.

물증이 될 언문 편지를 수색하다

사건의 진위를 알기 위해서는 일단 당사자인 남효문의 처와 수양아들인 남순필을 잡아들이고, 다음 단계로는 남효문의 어미를 참고인 자격으로 소환하고, 남순필의 집을 뒤져 물증이 될 언문 편지를 확보해야 했다.

"강상의 변이 이보다 클 수 없습니다. 남효문은 이미 죽었지만 그의 어미는 아직도 생존했으니 추문해 본다면 추한 실상을 알 수 있을 것입니다. 그의 아내 및 순필을 즉각 잡아다 가두고 추문하게 하소서."

하니, 전교하였다.

"모름지기 도망가기 전에 먼저 잡아 가둔 다음 승전(承傳)을 받들어 추문하라. 남효문의 어미는 자신이 죄를 범한 것이 아니어서 옥에다 구류할 수 없으니, 불러다가 물어볼 것인지 낭관을 보내 물어볼 것인지를 의금부 당상과 의논하라. 또 그 언간이 아직도 보존되어 있다면 추문하기가 쉬울 것이다."

"남순필이 만일 남효문의 동생의 아들이라면 남효문의 어미에게 친손자가 되므로, 반드시 은휘(隱諱)하여 밝히기 어렵게 될 듯하니, 즉시 금부 낭관 두 사람 및 내관을 불러 남효문의 아내와 순필의 집에 보내 언간을 샅샅이 수색하도록 하라."

_〈조선왕조실록〉 중종 29년(1534) 5월 10일

남효문의 아내와 남순필이 잡혀 온다. 곧이어 두 사람이 주고받은 언문 편지를 물증으로 확보하기 위한 수색 작업도 이어진다. 그런데 사건을 맡은 위관은 남효문의 처와 간음을 한 자는 남순필이 아니라 남순보라고 정정 보고를 올린다. 워낙 소문이 무성한 간음 사건이라 소문만 듣고 피의자를 잘못 잡아온 것이다. 더욱 기가 막힌 상황이 벌어졌다. 남효문의 어미가 진술하기를 남순보나 남순필은 둘 다 남효문의 수양아들이 아니라는 것이었다. 다만 두 사람은 남효문과는 가까운 이웃으로 집을 지을 때 드나들며 도와주었고, 둘 중 조금 더 드나들었던 사람은 남순보였다고 진술했다. 엄청난 강상죄의 사건인 줄 알았는데 당사자들을 불러 추문하는 과정에서 사실이 다르게 나타나기 시작했다.

> "어제 남효문의 아내에 관한 일에 대해 대간이, 언간을 서로 주고받았다고 아뢰었기 때문에, 내관에게 명하여 수색하도록 했다. 그랬더니 남효문의 어미가 단지 하는 말이 '하루는 효문이 「어찌하여 이러한 상서롭지 못한 일이 있게 되었는가?」라고 했다.' 는 것이고, 집안에 별다른 것은 없었으며, 남순보의 집에서 잡다한 문서 두 부대와 유사한 언간을 가져왔는데, 이 두 부대의 것은 위에서도 역시 열지 않은 것이다. 지금 내리는 언간은 곧 자취가 드러난 뒤에 서로 왕복한 편지들이니, 두 부대의 문서와 아울러 의금부에 내려 추문하게 하라."
>
> _〈조선왕조실록〉 중종 29년(1534) 5월 11일

수사가 진행될수록 사건은 점점 새로운 양상을 띤다. 남효문이 아내와 관계된 음탕한 언문 편지를 읽고 홧김에 술을 마시고 죽었다고는 하나 이에 대한 증거는 없고 또 집을 뒤졌으나 그에 해당하는 언간도 발견되지 않았다. 남순보의 집에서는 잡다한 여러 문서 더미가 두 자루나 발견되고 유사한 언간이 발견된다. 그러나 그 언간은 사건

이 드러난 뒤에 오간 내용일 뿐 더럽고 추악한 내용을 적은 연서는 아니었다. 이것만으로는 둘이 간음을 저질렀는지를 판단하기 어려웠다.

이로써 이 사건은 단순한 남녀의 간음 사건이 아니라 제삼자에 의한 무고 행위가 끼여 있는 것인지도 모른다는 정황이 포착되었다. 더욱이 며느리가 강상에 벗어난 엄청난 죄를 저질렀다는 소문이 도는데도 그런 며느리를 내쫓지 않고 그대로 둔 시어머니의 처신은 의구심을 갖게 했다.

파장이 커지다

사건의 불똥이 엉뚱한 사람들에게 튀었다. 이 사건은 사헌부가 조사하기 전에 이미 저자에 소문으로 번져 나간 일이었다. 그 소문을 접한 사람들 중에는 남효문의 먼 친척뻘 되는 관리도 있었다.

"정종호는 남효문의 이성(異姓) 육촌입니다. 남효문의 삼촌숙인 고(故) 현감 정세준은 지난해 가을, 남효문의 아내에게 추잡한 행실이 있다는 것을 알고서 예조에 정장(呈狀)하여 이이(離異)하게 하려다가 실현하지 못하고 정종호를 불러 함께 의논했었는데 중지했다고 합니다. 정세준은 지친(至親)이어서 남효문의 아내가 범한 정상을 확실히 알고 있었기 때문에 드러나게 말을 하여 사람들과 의논하게 된 것이므로, 반드시 처음부터 끝까지의 상황을 정종호에게 말했을 것인데, 정종호가 이런 큰 죄악에 관한 말을 듣고도 자세하게 그 정상을 묻지 않았던 것입니다.

남효문의 아내의 일은 지금 바야흐로 큰 옥사가 따져지지 않아 실정의 실마리가 어지러우므로 정종호까지 신문하게 된 것입니다. 대관이 의논하여 아뢸 때에 있어서 종호가 각별하게 모두 진달했어야 하는데, 입을 다물고 말하지 않고서 뭇사람이 하는 대로 범범하게 아뢰었으니 매우 그릅니다. 체직시키소서."

_〈조선왕조실록〉 중종 29년(1534) 5월 17일

먼 친척뻘이지만 남효문의 아내가 추악한 행실이 있다는 소문을 듣고도 조정의 관리가 이를 자세하게 알리지 않고 대충 넘겨 버린 일에 대해 죄를 묻겠다는 내용이다. 정종호는 결국 의금부에 잡혀 와 신문당하고 체직까지 당한다. 이러한 처사에 사헌부 관리들 전체가 자신들도 이 일을 정종호에게서 들었으니 자신들을 모두 체직시키라고 청한다. 마침내 홍문관 관리들이 정종호의 신문과 체직은 매우 부당하다고 상소한다. 자신이 저지른 일도 아닌데 단지 정황으로 짐작하여 대관의 반열에 오른 관리를 형장 신문을 한 것은 뒷날 폐단이 될까 두렵다는 상소였다.

이 사건은 단순한 남녀의 간통 사건이 아니라 시기와 질투에서 빚어진 무고로 가닥을 잡게 된다. 사건을 만들고 모함한 데는 남효문의 첩과 누이, 남효문 동생의 처가 관여되어 있었다. 이 세 사람은 무슨 까닭인지 평소에 긴밀하게 지내던 사이였다. 사건의 진상을 자세히 알기 위해 부녀자들을 잡아들여 형문하는 사태가 벌어진다. 조선 사회에서는 사대부의 부녀들을 그 자신이 범한 일이 아니면 잡아다가 추문하는 일이 어려웠다. 그러나 사건이 워낙 중대한 지경이라 부녀자들을 잡아 끝까지 추문하여 진실을 캐묻지 않을 수 없었다. 세 여인의 노비들도 모두 잡아다가 국문하였다. 노비들은 언문 편지를 전달하기도 하고 소문을 퍼뜨리기도 한 심부름꾼이었다.

도대체 누가 언문 편지를 썼는가

사건의 진상이 쉽게 드러나지 않자 잡혀 온 노비며 부녀자들을 여러 차례 신문하기에 이른다. 그러자 조정의 신하들이 나서 이 사태가 훗날 폐단을 유도할까 염려되니 사대부 부녀자들에 대한 신문을 중단하고 이미 밝혀진 증언만으로 정죄할 것을 청하였다.

정광필·김근사·윤은보·이사균·손주·유보·윤인경·심언경·김인손 등이 의논드리기를,

"사족의 부녀자에게 형신까지 한다는 것은 사실 미안한 점이 있습니다. 다만 돌석의 공초를 보건대, 우윤의 처(남은대)가 그 어미의 말로 거짓 꾸며 내어 모해한 정상이 이미 드러났습니다. 그 터무니없는 말을 꾸며 낸 일은 실상 스스로 죄를 지은 것이므로 사간(事干)의 예와는 같지 않으니 끝까지 추궁하지 않을 수 없습니

다."

하고, 장순손과 한효원 등은 의논드리기를,

"남은대가 근거 없는 말을 꾸며 낸 정상이 이미 드러났으니 전례

가 없더라도 증언에 의거해서 죄를 정해야 할 듯싶습니다. 그런

데 자신이 간통한 일이 아니고 또 죽을죄를 지은 것도 아닌데 사

족의 부녀를 형신한다는 것은 근래에 듣지 못한 일이며 또 뒷날

의 폐단을 유도할까 염려됩니다."

_〈조선왕조실록〉 중종 29년(1534) 6월 4일

이번 사건이 남효문의 첩 개질동이가 꾸민 일이라고 남효문의 누이
남은대와 남효문 동생의 처 옥기, 그리고 노비들이 줄줄이 자백을 하
였으나, 정작 개질동이는 네 차례에 걸친 신문에도 자복을 하지 않는
다. 결국 수사는 개질동이의 자복을 받지 못한 상태에서 종결된다. 남
효문의 처는 방면하고 남은대와 옥기는 사대부의 부녀로서 죽을죄에
해당하는 것은 아니므로 장형을 받지 않고 방면하고 개질동이는 이
미 네 차례나 형문을 받았으므로 더 장형을 내리지 않고 방면한다.

남효문 처 간음 사건은 남녀 사이에 주고받은 언문 편지를 근거로
삼아 일파만파로 번져 나갔다. 여자들의 시기 질투로 빚어진 사건으
로 종결되었지만 그 과정에서 조선 사회의 윤리 기반과 사법 절차를
여실히 보여 준 사례이기도 했다. 이 사건에서 특히 우리에게 흥미로
운 점은 조선 중기에 이르면 아녀자들이 언문을 자유롭게 사용했을
뿐만 아니라 비밀스러운 편지를 주고받을 때도 언간을 사용하였다는

사실이다.

이 사건과는 다른 이야기지만, 선조 때의 고죽 최경창과 기생 홍랑 사이의 절절한 사랑은 신분 사회에 막혀 비극이 된 경우였다. 두 사람 사이에 오간 편지가 오늘날 전해진다. 조선의 여인들에게 있어 언문 편지는 연인을 향한 사랑의 밀어를 담은 비밀스러운 통로가 되었다.

묏버들 갈히 것거 보내노라 님의 손디
자시는 창 밧긔 심거두고 보쇼셔
밤비예 새닙 곳 나거든 나린가도 너기소셔

산버들 가려 꺾어 보내노라 임에게
주무시는 창밖에 심어 두고 보소서
밤비에 새 잎 나거든 이 몸으로 여기소서

_홍랑이 최경창에게 보낸 언문 편지

폐비 윤씨와 언문 투서

조선 왕조에서 중전을 폐위시키고 사가로 내쫓은 전대미문의 사건이 발생한다. 중궁 윤씨 폐출 사건은 대비전의 불만과 성종의 변심, 그리고 질투심이 강한 것으로 기록된 윤씨의 행적이 얽혀 빚어진 결과였다.

인수대비는 중궁 윤씨의 시어머니이며 성종의 친모이다. 아들이 어린 나이에 보위에 오르자 시어머니인 정희왕후와 함께 수렴청정을 하였다. 능란한 신하들이 어린 왕을 넘보지 않도록 하기 위해 두 대비는 크고 작은 일마다 언문 교지를 통해 정사를 이끌어 갔다. 두 여인의 수렴청정이 특별히 정치 혼란을 초래하지는 않았다. 다만 중궁 폐출이라는 전대미문의 사건으로 이어지면서 다음 연산군 대에 엄청난 불행을 불러오고 말았다.

중궁 폐출을 논하라

성종 8년 3월 29일 정희왕후는 의정부 정승들과 육조 판서, 대사헌, 대사관들을 빈청에 불러 모은 뒤 중궁 윤씨를 폐출하겠다는 뜻을 담은 의지(懿旨)를 전한다. 길고 긴 언문 교서에는 중궁 윤씨의 그간의 부덕함이 낱낱이 열거되었다.

"세상에 오래 살게 되면 보지 않을 일이 없다. 이달 20일에 감찰 집에서 보냈다고 일컬으면서 권숙의의 집에 언문을 던지는 자가 있었는데, 권숙의의 집에서 주워 보니 정소용과 엄숙의가 서로 통신하여 중궁과 원자를 해치려고 한 것이다. 생각건대, 정소용이 한 짓인 듯하다. 그러나 지금 바야흐로 임신하였으므로 해산한 뒤에 국문하려고 한다. 그런데 하루는 주상이 중궁에서 보니 종이로써 쥐구멍을 막아 놓았는데, 쥐가 나가자 종이가 보였고, 또 중궁의 침소에서 작은 상자가 있는 것을 보고 열어 보려고 하자 중궁이 숨겼는데, 열어 보았더니 작은 주머니에 비상(砒霜)이 들어 있고, 또 굿하는 방법의 서책이 있었다. 이에 쥐구멍에 있는 종이를 가져다가 맞춰 본즉 부절(符節)과 같이 맞았는데, 이것은 책이 잘린 나머지 부분이었다. 놀라서 물으니, 중궁이 대답하기를, '친잠할 때 종 삼월이가 바친 것이라.'고 하고, 또 삼월이에게 물으니 삼월이 모두 실토하여 모두 그 사실을 알았다. 중궁이 만일 이때에 아뢰었다면 좋았을 것인데, 중궁이 능히 그러하지 못했다."

_〈조선왕조실록〉 성종(1477) 8년 3월 29일

대왕대비의 언문 교서에 실린 윤씨에 대한 비난의 내용은 자세하고 생생하다. 이에 따르면 윤씨는 궁중에서 금하고 있는 굿하는 서책을 접하였고, 두 후궁을 모함하려는 언문 편지 사건을 일으켰고, 극약인 비상을 지니고 있어 누군가를 해칠 뜻을 품고 있었다. 대비전에서는 이 행위들이 비록 왕을 해치려는 목적이 아닌 후궁들에 대한 투기로 일어났다고 하더라도, 중전의 신분으로 투기하는 것은 옳지 못할 뿐만 아니라 왕의 안위를 위협하므로 윤씨를 지금 중궁에서 폐위하는 것이 옳다는 주장을 하고 있다.

그러나 신하들은 중궁을 폐위하고자 하는 대왕대비의 교서에 경악을 금치 못했다. 윤씨가 후궁에서 중궁으로 책봉된 지 일 년도 채 안되는 시점에서 폐위한다는 것은 왕실의 위신이 떨어지는 것은 물론 중국에 설명하기도 매우 곤궁한 일이었다. 바로 몇 달 전에 두 사신이 중국 황제가 내린 중궁 책봉에 대한 고명과 칙서를 받아 가지고 오지 않았던가. 비록 중궁이라고 하더라도 아내가 지아비의 다른 여자들을 투기하는 것은 특별한 일도 아닌데 단지 이를 구실로 중궁을 폐위하는 처사는 신하들이 보기에 이치에 맞지 않는 일이었다. 대비의 언문 교서를 들으며 신하들은 완강하게 반대 의사를 전달한다.

폐출의 단서가 된 언문 편지

대비의 교지에 반대하는 신하들을 설득하기 위해서는 증거가 필요
했다. 단순히 부부간의 갈등으로만 보인다면 설득력을 가질 수 없기
때문이다. 성종은 문제의 언문 편지를 의금부에 내려 그 범인을 물색
하도록 지시한다.

현석규와 윤필상이 다시 삼월이와 사비 등을 국문하니, 대답이
전과 같았다. 이길분의 첩을 잡아다 물으니, 말한 바가 아주 다르
므로, 이에 삼월이와 사비를 고문했으나 마침내 〈방양서(方禳書)〉의
나온 곳을 밝히지 못하였다. 사비의 말은 윤구의 아내가 언문을 썼
다고 하므로 윤우와 윤구에게 물으니, 모두 말하기를,

"원래 언문을 알지 못한다."

하였다. 현석규 등이 윤기견의 아내 신씨가 미리 알고 있었다고 해
서 불러서 물어보려고 했는데, 중궁이 복위했다는 말을 듣고 이에
그만두었다. 삼월이 등의 공사(供辭)를 자세히 쓰고, 또 공사에 관
련된 사람의 이름을 써서 아뢰기를,

"이러한 일을 어찌 남자에게 고해서 했겠습니까? 윤구와 윤우는
실지로 알지 못합니다. 또 이 옥사가 비록 다 자복하지는 못했으
나, 대략은 이미 정해졌습니다."

하니, 전교하기를,

"윤구와 윤우 및 윤구의 아내를 방면하라. 또한 이길분의 첩은

언문을 알지 못하는 자이다. 삼월이 등을 고문하라."

하여 이에 고문하니, 불복하기를,

"내가 수정(輸情)하지 않는 것은 말이 대부인에게 미칠까 두려워

서입니다."

하므로, 사유를 갖추어 아뢰니, 전교하기를,

"삼월이 등이 대부인을 핑계하는 것은 또한 거짓이다. 비록 매를

쳐서 죽는 데에 이른다 하더라도 반드시 자복하지 않을 것이니,

문초하지 말아라."

하였다. 이튿날 정승들을 불러 죄를 결정할 것을 의논하였다.

_〈조선왕조실록〉 성종 8년(1477) 3월 30일

삼월이를 국문하여 나온 언문 편지 사건의 대강은 다음과 같다. 일
전에 삼월이가 전 곡성 현감 첩의 집에 우연히 갔다가 굿에 대해 쓴
언문 책자를 접하고 나서 며칠 후에 다시 가서 그 책을 몰래 가져왔
다. 그 뒤에 그 책자를 본으로 하여 두 후궁을 모함할 언문 편지를 쓴
다. 이 모의는 중궁의 친정어머니인 대부인의 주도하에 이뤄졌는데,
한 통은 중궁의 올케인 윤구의 처가 썼고 다른 한 통은 계집종 사비
가 썼다. 의금부 관원은 삼월이의 자백에 따라 윤구의 처와 사비를 데
려와 문초하였다. 그러나 언문 편지 중 한 통을 쓴 당사자로 지목된
사비는 자신은 쓰지 않았다고 주장한다. 다시 윤구의 처를 신문하였
더니 자신은 언문을 원래 알지 못한다고 하였다. 결국 언문 편지의 필
적 대조를 하여야 누가 범인인지를 밝힐 수 있을 것이지만, 국문은 더

이상 진행되지 않았다. 삼월이가 모든 것을 알고 있을 터이지만 끝까지 사실을 털어놓지 않은 채 다만 자신이 진상을 말하면 대부인에게 화가 미칠까 두려울 뿐이라고 한다.

결국 성종 8년에 일어난 언문 편지 사건은 삼월이를 교형에 처하고 사비는 장을 때려 강계부에 유배시키는 것으로 끝을 맺었다. 언문 편지 사건으로 하마터면 중궁 윤씨는 신초를 당할 뻔했지만 겨우 화를 모면할 수 있었다. 그러나 이 사건으로 중궁의 투기가 공개적으로 알려져 이후 윤씨의 처지는 풍전등화의 길에 놓이게 된다.

성종은 언문 편지 사건에 대한 국문이 있던 3월 30일에 윤씨를 중궁에서 빈으로 강등시켰으나 신하들의 거센 반발로 곧 복위시킨다. 그러나 2년 뒤 성종 10년에 결국 중궁 윤씨는 폐위되고 만다.

중궁 윤씨는 어떤 여인이었을까. 성종 7년 7월 11일의 기록에 따르면 정희왕후는 성종의 첫 번째 부인인 한씨(한명회의 딸)가 후사 없이 죽자 후궁 중에서 새로운 중전을 발탁하고자 한다. 숙의 윤씨는 용모와 심성이 출중하고 몸가짐이 조신하여 중궁의 물망에 오른다.

의지로 일찍이 의정을 지낸 사람과 의정부·육조 참판 이상과 대간을 불러 전교하기를,

"곤위가 오랫동안 비어 있으니 내가 위호를 정하여 위로는 종묘를 받들고 아래로는 국모를 삼으려고 하는데, 숙의 윤씨는 주상께서 중히 여기는 바이며 나의 의사도 또한 그가 적당하다고 여겨진다. 윤씨가 평소에 허름한 옷을 입고 검소한 것을 숭상하며

일마다 정성과 조심성으로 대하였으니, 대사를 위촉할 만하다."

_〈조선왕조실록〉 성종 7년(1476) 7월 11일

대비전은 언문 교지를 통해 숙의 윤씨가 평소 검소하고 모든 일에 정성과 조심성을 가지고 대하며 임금이 귀중하게 생각하는 사람이라는 점을 들어 중전으로 추대할 뜻을 전달한다. 문맥을 보면 대비전이 숙의 윤씨를 중궁감으로 지목한 것이라기보다는 성종이 특별히 총애하는 후궁이므로 두 대비전이 명분을 세워 중궁으로 삼고자 한 것임을 알 수 있다. 윤씨는 집안도 변변치 않고 가난한 과부의 딸이었다. 윤씨가 중궁이 되었을 때 마을 사람들이 '과부가 복을 받았다.'고 했다 한다.

집안 배경이 없는 윤씨는 왕의 총애 말고는 다른 것을 기대할 수 없는 처지였다. 중궁이 되었다고는 하지만 왕의 마음이 언제 어떻게 변할지 모르는 일이었다. 윤씨는 성종의 총애를 유지하기 위해 애를 쓰지만, 시간이 흐르면서 성종의 마음이 예전과 같지 않음을 느꼈다. 왕이 자신의 처소에 발걸음 하기보다는 후궁들의 처소로 향하는 일이 많아졌다. 다른 후궁들은 호시탐탐 자신의 자리를 넘보는 듯하고 시어머니와 시할머니인 두 대비전은 어렵기만 했다.

더욱이 윤씨는 이전의 중궁들과는 달리 후궁에서 중궁으로 자리바꿈을 한 탓에 처음부터 중궁으로서의 덕성을 기를 수 있는 환경보다 후궁의 신분에서 왕의 총애를 받기 위한 질투와 갈등 관계를 더 많이 경험하였다. 중궁이 되었다고는 하지만 후궁들의 집착이 얼마나 집요한지를 너무 빤히 알고 있는 터라, 예전의 생각에서 벗어나 중궁으로서 의연하게 대처하기가 어려웠을 것이다.

중궁 윤씨의 투기가 얼마나 심하였는지는 성종의 진술로 알 수 있다. 성종은 중궁 폐출에 대한 신하들의 반대가 빗발치자 그 신하들을 옥에 가두거나 벼슬을 강등하는 강공책을 쓰기도 하고 더러는 윤씨의 실덕을 대신들 앞에서 낱낱이 열거하며 동의를 구하기도 했다.

"지금 중궁의 소위(所爲)는 길게 말하기가 어려울 지경이다. 내간에는 시첩의 방이 있는데, 일전에 내가 마침 이 방에 갔는데 중궁이 아무 연고도 없이 들어왔으니, 어찌 이와 같이 하는 것이 마땅하겠는가? 예전에 중궁의 실덕이 심히 커서 일찍이 이를 폐하고자 하였으나, 경들이 모두 다 불가하다고 말하였고, 나도 뉘우쳐 깨닫기를 바랐는데, 지금까지도 오히려 고치지 아니하고, 혹은 나를 능멸하는 데까지 이르렀다. 이것은 비록 내가 집안을 다스리지 못한 소치이지마는, 국가의 대계를 위해서 어찌 중궁에 처하게 하여 종묘를 받드는 중임을 맡길 수 있겠는가? 내가 만약 후궁의 참소하는 말을 듣고 그릇되게 이러한 거조를 한다고 하면 천지와 조종이 소소하게 위에서 질정해 줄 것이다. 옛날에 한(漢)나라의 광무제와 송(宋)나라의 인종이 모두 다 왕후를 폐하였는데, 광무제는 한 가지 일의 실수를 분하게 여겼고, 인종도 작은 허물로 인했던 것이지마는, 나에게 있어서는 그렇지 않다. 중궁의 실덕이 한 가지가 아니니, 만약 일찍 도모하지 않았다가 뒷날 큰 일이 있다고 하면 서제(噬臍)를 해도 미치지 못할 것이다. 예법에 칠거지악(七去之惡)이 있으나, 중궁의 경우는 '자식이 없으면 버린다(無子去).'는 것은 아니다."

하고, 드디어 '말이 많으면 버린다(多言去), 순종하지 아니하면 버린다(不順去), 질투를 하면 버린다(妬去).'라는 말을 외우고, 이어 이르기를,

"이제 마땅히 폐하여 서인을 만들겠는데, 경들은 어떻게 여기는가?"

_〈조선왕조실록〉 성종 10년(1479) 6월 2일

"지난 정유년에 윤씨가 몰래 독약을 품고 사람을 해치고자 하여, 건시와 비상을 주머니에 같이 넣어 두었으니, 이것이 나에게 먹이고자 한 것인지도 알 수 없지 않은가? 혹 무자(無子)하게 하는 일이나, 혹 반신불수가 되게 하는 일, 그리고 무릇 사람을 해하는 방법을 작은 책에 써서 상자 속에 감추어 두었다가, 일이 발각된 후 대비께서 이를 취하여 지금까지도 있다. 또 엄씨 집과 정씨 집이 서로 통하여 윤씨를 해치려고 모의한 내용의 언문을 거짓으로 만들어서 고의로 권씨의 집에 투입시켰는데, 이는 대개 일이 발각되면 엄씨와 정씨에게 해가 미치게 하고자 한 것이다. 항상 나를 볼 때, 일찍이 낯빛을 온화하게 하지 않았으며, 혹은 나의 발자취를 취하여 버리고자 한다고 말하였다. 비록 초부의 아내라 하더라도 감히 그 지아비에게 저항하지 못하는데, 하물며 왕

비가 임금에게 있어서이겠는가? 또 위서를 만들어서 본가에 통하여 이르기를, '주상이 나의 뺨을 때리니, 장차 두 아들을 데리고 집에 나가서 내 여생을 편안하게 살겠다.'고 하였는데, 내가 우연히 그 글을 얻어 보고 일러 말하기를, '허물을 고치기를 기다려 서로 보도록 하겠다.'라고 하였더니, 윤씨가 허물을 뉘우치고 말하기를, '나를 거제나 요동이나 강계에 처하게 하더라도 달게 받겠으며, 남방기(南方記)에서 발원한 대로 사람의 허물을 무량수불 앞에서 연비(燃臂)하여 이를 맹세하겠습니다.'라고 하므로, 내가 이를 믿었더니, 이제 도리어 이와 같으므로, 전일의 말은 거짓 속이는 말이었다.

또 상참으로 조회를 받는 날에는 비가 나보다 먼저 일찍 일어나야 마땅할 것인데도, 조회를 받고 안으로 돌아온 뒤에 일어나니, 그것이 부도(婦道)에 있어서 있을 수 있는 일인가? 항상 궁중에 있을 때에 대신들의 가사에 대해서 말하기를 좋아하였으나, 내가 어찌 믿고 듣겠는가? 내가 살아 있을 때에야 어찌 변을 만들겠는가마는, 내가 죽으면 반드시 난을 만들어 낼 것이니, 경 등은 반드시 오래 살아서 목격할 자가 있을 것이다."

_〈조선왕조실록〉 성종 10년(1479) 6월 5일

성종의 진술에 따르면 윤씨는 언문 편지가 발각된 사건 이후에도 전혀 반성하는 기색 없이 더욱 투기가 심해져서 왕을 모욕하는 일을 서슴지 않았다. 왕이 조회를 받는 날에는 왕보다 늦게 일어나고 심기가 불편한 날에는 왕의 자취를 지워 버리겠다는 말을 서슴없이 내뱉고 친정에 거짓 편지를 써서 왕이 자신의 뺨을 때리니 두 아들을 데리고 나가서 여생을 살겠다고 하였다. 그 모든 언행이 도저히 중궁의 자리에 둘 수 없을 정도였다.

결정적인 사건은 성종이 궁중에 있는 시첩의 방에 들렀을 때 일어났다. 중궁 윤씨가 느닷없이 문을 열고 들이닥친 것이다. 아마도 성종이 궁녀와 잠자리를 하려고 할 때 윤씨가 문을 열고 들어가 성종을 크게 모욕한 것이리라. 다른 무엇보다도 이 사건은 성종에게 참을 수 없는 분노를 일으켰고 중궁 윤씨는 마침내 자신의 생일 다음 날 폐출되고 만다. 이때가 성종 10년 6월 2일, 윤씨가 중궁으로 책봉된 지 3년째 되는 해였다. 이날의 〈실록〉에는 중궁 폐출 사실과 이를 반대하는 신하들에 대한 기록이 가득하다.

- 대신들과 의논하여 중궁을 폐출케 하고, 반대한 승지들을 6조의 참의로 개차하다.
- 의금부에 전지하여 중궁의 폐출에 반대한 승지들을 추국하여 아뢰게 하다.
- 대사헌 박숙진 등이 성종에게 왕비의 죄에 대해서 듣기를 청하다.
- 사간원과 사헌부가 합세하여 성종에게 왕비의 죄에 대해서 듣기를 청하다.
- 홍문관 직제학 최경지 등이 중궁의 폐출을 반대하다.

- 6조의 판서와 참판들이 중궁의 폐출을 반대하다.
- 은천군 이찬과 옥산군 이제가 중궁의 폐출을 반대하다.
- 예조판서 이승소가 중궁의 폐출을 반대하다.
- 중궁 폐출의 교서를 내리다.
- 중궁 폐출의 일을 종묘에 보고하다.

_〈조선왕조실록〉 성종 10년(1479) 6월 2일

폐서인 윤씨를 사사하라

윤씨를 폐위하여 사가로 내친 후에도 성종의 노여움은 풀리지 않았다. 폐서인이 된 윤씨의 거처가 지나치게 남루하니 다시 마련해 주어야 한다는 신하들의 상소가 올라오자 성종은 윤씨가 중궁이 아니라 죄인이라는 점을 분명히 각인시켰고 윤씨의 거처에 대해 논의하는 신하를 국문하였다. 심지어는 윤씨의 거처에 사람들이 왕래하지 못하도록 절목을 만들어 공표하기까지 하였다.

성종 13년(1482) 8월 16일 성종은 신하들을 불러 모은 자리에서 이후 윤씨를 어떻게 할 것인지에 대해 의중을 묻는다. 원자가 장성하여 장차 보위에 오르면 윤씨가 다시 복위하여 나라를 좌지우지하게 될 것인데, 후환을 없애기 위해서는 어찌하는 것이 좋겠냐는 성종의 유도 질문에 정창손, 한명회, 심회, 윤필상, 이파 등은 윤씨를 사사할 것을 아뢴다. 이들은 성종이 윤씨에 대한 폐위를 처음 거론했을 때에는 왕실의 위엄을 들어 그 부당함을 상언했었다. 그러나 시간이 흐르면서 판세가 매우 달라졌다.

그날 저녁 성종의 명을 받든 좌승지가 윤씨의 얼굴을 아는 내시 한 사람을 대동하여 비상이 든 약사발을 들고 윤씨의 집으로 향한다. 성종 13년 8월 16일 저녁 윤씨는 자신의 사가에서 사사되었다.

언문 투서에서 비롯되어 전대미문의 중궁 폐위와 사사로 이어진 이 사건은 윤씨의 아들 연산군 대에 이르러 엄청난 파장을 일으킨다. 〈실록〉에 나타난 윤씨의 행적은 지나친 점이 없지 않지만 인지상정이라 할 아녀자의 질투에 대한 단죄 때문에 이후의 비극은 예비되어 있었다.

왕대비의 언문 수렴청정

조선 시대 여성은 제도권 교육을 받을 수
없었다. 그것은 어쩌면 시대적 요청이기도 했다. 다음의 기록을 보자.

전교하기를,
"아녀는 비록 〈중용〉이나 〈대학〉을 안다 하여도 쓸 곳이 없으니,
다만 〈천자〉를 가르쳐 글자를 쓸 줄 알게 한 뒤에 의녀로 하여금
시구를 가르치도록 하는 것이 가하고, 또 내연(內宴) 때에는 홍장
(紅粧)을 별도로 만들어 주라."
하였다.

_〈조선왕조실록〉 연산 10년(1504) 12월 5일

16세기 초반의 이 기록은 조선 사회에서 여성들이 공식적인 제도권 교육과는 거리를 두게 되었음을 알려 준다. 왕비나 대비의 경우도 설령 한문에 익숙하다 해도 왕이나 신하들과 의사소통을 할 때는 언문을 사용했다.

광해군 폐위의 언문 교서

"천리를 거역하고 인륜을 무너뜨려 위로는 종묘사직에 득죄하고 아래로는 만백성에게 원한을 맺었다. 죄악이 이에 이르렀으니 그 어떻게 나라를 통치하고 백성에게 군림하면서 조종조의 천위를 누리고 종묘사직의 신령을 받들겠는가. 그러므로 이에 폐위하고 적당한 데 살게 한다."

인목대비는 광해군을 폐위하라는 언문 교서를 내린다. 1623년 3월 14일. 광해군이 왕위에 오른 지 15년째가 되던 해였다. 대비는 교서에서 광해군의 죄목 36가지를 하나씩 열거했다.

"선조 대왕께서 불행히도 적사가 없어 임시방편으로 장유의 차례를 어기고 광해로 세자를 삼았었는데, 동궁으로 있을 때 이미 실덕이 드러나 선묘 말년에 자못 후회하여 마지않았다. 즉위한 처음부터 못하는 짓이 없이 도리를 어겼는데, 우선 그중 큰 것만을 거론하겠다. (중략) 나의 부모를 형살하고 나의 종족을 어육으로 만들고 품안의 어린 자식을 빼앗아 죽이고 나를 유폐하여 곤욕을 주는 등 인륜의 도리라곤 다시없었다. (중략) 심지어는 형을 해치고 아우를 죽이며 여러 조카를 도륙하고 서모를 쳐 죽였고, 여러 차례 큰 옥사를 일으켜 무고한 사람들을 해쳤다. (중략) 이것뿐이 아니다. 우리나라가 중국 조정을 섬겨 온 것이 2백여 년이라, (중략) 광해는 배은망덕하여 천명을 두려워하지 않고 속으로 다른 뜻을 품고 오랑캐에게 성의를 베풀었으며, 기미년 오랑캐를 정벌할 때에는 은밀히 수신(帥臣)을 시켜 동태를 보아 행동하게 하여 끝내 전군이 오랑캐에게 투항함으로써 추한 소문이 사해에 펼쳐지게 하였다. 중국 사신이 본국에 왔을 때 그를 구속하여 옥에 가두듯이 했을 뿐 아니라 황제가 자주 칙서를 내려도 구원병을 파견할 생각을 하지 않아 예의의 나라인 삼한으로 하여금 오랑캐와 금수가 됨을 면치 못하게 하였으니, 그 통분함을 어찌 이루 다 말할 수 있겠는가."

_〈조선왕조실록〉 인조 1년(1623) 3월 14일

인목대비와 광해군은 어머니와 아들 사이였지만, 나이는 광해군이 아홉 살 더 많았다. 인목대비는 열아홉 살에 쉰한 살의 선조와 결혼하여 왕후가 된다. 인목대비가 영창대군을 낳자 선조는 늘 영창대군을 편애했고, 당시 세자였던 광해군은 내심 초조한 나날을 보내게 되었다. 인목대비와 광해군의 비극적인 운명은 이때부터 이미 싹트고 있었다.

왕위에 오른 광해군은 얽히고설킨 정치 판도 속에서 새어머니 인목대비를 폐위하고 이복동생인 영창대군마저 유배를 보내 결국 아홉 살 어린 나이에 죽게 한다. 이때 인목대비의 마음이 어떠했을지는 짐작이 가고도 남는다.

1623년 3월 12일, 반정이 일어났다. 〈실록〉에는 긴박했던 순간이 이렇게 묘사되어 있다. 후궁과 곡연(曲宴)을 벌이고 있던 광해군은 처음에는 반정 소식을 곧이듣지 않다가 마침내 허겁지겁 궁을 빠져 나갔다. 궁궐의 북쪽 후원에 소나무숲이 있었는데 거기에 사다리가 하나 있었다. 평상시에 궁인들이 밤에 출입하기 위해 만들어 놓은 것이었다. 왕은 경황없이 사다리를 통해 궁성을 넘었고 젊은 내시의 등에 업혀 궁인 한 사람의 인도로 개천가에 있는 의관 안국신의 집으로 가 숨었다.

그 다음 날 인조는 의병과 함께 궁으로 진입하여 폐위되어 서궁에 갇혀 있던 왕대비를 다시 인목대비로 복위시켰다. 그리고 대비의 명으로 경운궁에서 즉위하게 된다.

반정이 성공한 다음 날인 3월 14일 인목대비는 붙잡혀 온 광해를 외지에 안치하라고 수차례 언문 교지를 내린다. 자신을 폐위하고 아들을 죽음에 이르게 한 광해를 한시라도 가까이 두고 싶지 않았다. 인조는 백관을 거느리고 인목대비 앞에 나아가 글을 올려 축하와 기쁨을 표했으나 대비는 다시 언문 편지로 광해군의 죄목을 열거하면서 축하 인사 받기를 계속 거부한다.

여러 대장이, 상이 먼저 백관을 거느리고 자전에게 진하한 뒤 백
관의 진하를 받을 것을 청하자, 자전이 언서로 폐군의 열 가지 죄
목을 들고 이어 하교하기를,

"종묘에 고유하는 의식을 아직 거행하지 못하였을 뿐 아니라 부
모의 원수를 또한 처형하지 못했다. 어찌 백의로 진하를 받을 수
있겠는가. 진하하지 말라."

하였다. 상이 청하기를,

"자전께서 오랫동안 유폐 중에 계시다가 이와 같은 대경(大慶)을
만났으니, 마땅히 속히 진하하여 위로는 하늘에 계시는 조종의
영령을 위로하고 아래로는 군민사서(軍民士庶)들의 기대에 보답해
야 합니다. 이처럼 굳이 사양하심은 부당합니다."

하였으나, 자전은 그래도 따르지 않았다. 누차 청하자 비로소 허락
하였다.

_〈조선왕조실록〉 인조 1년(1623) 3월 14일

인조와 신하들이 거듭 청하자 마지못해 인목대비는 축하 인사를
받아들였다. 아버지와 아들이 죽고 자신은 폐위되었던 인목대비로서
는 만감이 교차하는 순간이었다.

언문 교서의 절차

그렇다면 대비전에서는 어떤 방법으로 언문 교서를 내렸을까? 〈고종실록〉에 그 자세한 내용이 담겨 있어 흥미를 끈다. 1863년 12월 8일 철종이 후사 없이 승하하자 신하들은 대왕대비인 조대비를 찾아간다. 영중추부사 정원용과 대왕대비가 나눈 대화 내용은 이렇다.

"신하와 백성들이 복이 없어 이런 망극한 변고를 당했으니 애통하고 원통하여 무엇이라고 아뢰어야 할 바를 모르겠습니다."

"죽지 못해 사는 이 몸이 차마 망극하고 차마 감당할 수 없는 일을 당하고 나니 그저 원통한 생각뿐이다. 지금 나라의 형세의 안위가 시각을 다투기 때문에 여러 대신들을 청해 종묘사직의 큰계책을 의논하여 정하려는 것이다."

"빨리 대왕대비의 분명한 전지를 내려 즉시 큰 계책을 정하시기를 천만 번 빌고 있습니다."

"홍선군의 적자에서 둘째 아들 이명복으로 익종대왕의 대통을 입승(入承)하기로 작정하였다."

"언문 교서를 써서 내려 보내는 것이 좋을 듯합니다."

이에 대왕대비는 발 안에서 언문 교서 한 장을 내놓았다. 도승지가 이를 받들어 보고, 여러 대신들이 다시 한문으로 바꾸어 쓴 다음, 그것을 대왕대비에게 읽어 아뢴 후 받들고 나와 반포하였다. 홍선군의 두 번째 아들, 고종이 왕으로 등극하는 순간이었다.

이 대목에서 우리가 주목할 것은 신하들이 대왕대비에게 언문 교서를 부탁한 점, 그리고 대왕대비가 언문으로 교서를 만들어 신하들에게 내리면 그것을 다시 한문으로 번역하여 공식적으로 반포한 점 등이다. 한문 교지가 공식적인 문서였으며, 대비와 같은 궁중의 여인들은 공식적인 상황에서도 언문으로 교서를 내렸다는 것을 알 수 있다.

조대비는 이어 신하들에게는 어린 왕을 잘 부탁한다는 내용의 언문 교서를 내리는 한편, 왕에게는 백성과 신하를 잘 섬겨 훌륭한 임금이 될 것을 당부하는 언문 교서를 내린다.

"불행 중 참으로 다행스러운 것은 주상의 천품이 영특하고 어린 나이에 숙성한 정도가 과연 평범하지 않은 것이다. 억만 년 무궁한 번영이 오늘부터 시작되었으니 천지와 조종이 말없이 보살펴 주고 도와주시는 뜻을 여기서 알 만하다. 경 등의 마음도 모두 이렇게 축원하고 있을 것이다. 안으로 성상의 몸을 보호하고 밖으로 성상의 학문을 도와서 이끄는 것이 오늘날 많은 일에서 어찌 이보다 더 우선해야 할 일이 있겠는가? 보호하는 것은 자애로운 어머니의 책임이지만 도와서 이끄는 한 가지 일은 오직 경들 만을 바라고 믿는다."

"인주의 행동 하나 말 한 마디가 다 백성들의 고락에 관계되고 백성의 마음이 바로 하늘의 마음이니 어찌 언제나 이것을 생각하지 않을 수 있겠는가? 예로부터 훌륭한 제왕과 명철한 임금은 대부분 민간에서 나서 성장하여 민간의 사정을 잘 알고 있었다고 한다. 주상은 영특하고 명민한 천품을 타고 났으니 지난날에 보고 들은 일들을 기억하고 있을 것이다. 옛일을 배워 총명을 넓혀 근신하고 절약하는 요체로 삼으려면 오직 부지런히 강학해야 할 뿐이다. (중략) 임금이 아무리 존귀해도 조정의 신하를 무시하는 법은 없다. 더구나 대신은 오랜 경험과 나라를 위하는 정성을 가지고 모두 조종의 법을 받들고 있으며 도와서 이끄는 것도 또한 하늘을 공경하고 백성을 사랑하는 도리에서 벗어나지 않으니 반드시 예로 대하고 그들의 말을 새겨들어야 할 것이다. 지금 이 훈계는 나의 바람만이 아니라 바로 온 나라가 축원하고 있는 것이니, 공경하고 힘쓰라."

대비는 고종에게 훌륭한 제왕은 민간에서 성장한 경우가 많다고 하면서 열심히 공부하고 신하를 존중하며 백성들을 사랑하라고 말한다. 궁궐에서 크지 않고 사가에서 성장한 고종에게 오히려 백성들의 마음을 헤아릴 수 있으니 더 훌륭한 왕이 될 수 있을 것이라 격려한 대목에서 고종을 배려하는 대비의 마음을 읽을 수 있다.

대왕대비가 언문으로 훈계를 하는 편지를 내리자, 고종은 자리에서 내려와 직접 교서를 받아들었다. 이에 신하 김흥근은 이렇게 말했다.

"지금 이 세 본(本)의 자전의 교서는 광명정대할 뿐만 아니라 절

실하고 긴요한 내용이니, 바로 옛날 〈서경〉의 모훈입니다. 전하
께서 진실로 이를 마음 깊이 새겨 잊지 않는다면 정치와 교화는
자연히 원만하게 되고 학문도 저절로 고명하게 될 것입니다. 삼
가 바라건대, 한가할 때마다 항상 받들어 보소서."

_〈조선왕조실록〉 고종 즉위년(1863) 12월 13일

그 외에도 여러 신하들이 대왕대비의 언문 교서를 칭송하며 어린
임금이 이를 잘 따를 것을 강조하였다.

왕실 여인의 공식 문서

대왕대비가 언문 편지로 신하들에게 하교한 예는 매우 많다. 순조
때 정순왕후의 경우도 그러했다. 정순왕후는 열다섯 살에 자신보다
쉰한 살이 많은 영조와 결혼하여 왕비가 된 인물로, 사도세자의 아들
정조와는 정치적으로 대척점에 있었다. 정조가 갑자기 승하하자 그
아들 순조가 열한 살의 나이로 왕위에 올랐고 정순왕후는 어린 왕을
대신해 수렴청정을 하기 시작했다. 순조 즉위년(1800) 7월 4일에 대제
학 홍양호가 지은 수렴청정 포교문에는 이렇게 쓰여 있었다.

"하늘이 우리 국가에 은혜를 내려 주지 않아서 갑자기 하늘이 무
너져 내리는 슬픔을 당하였도다. 소자(小子)가 아직 어린 나이에

있으면서 외람되어 높은 저위(㝢位)를 이어받았으나 무작(舞勺)의
나이를 넘지 못했으므로 이 한 몸 우러러 의지할 데가 없다. (중
략) 드디어 온 나라 사람의 뜻이 같음으로 하여 이에 합사로 진청
(陳請)함이 있었는데 처음에는 겸양하는 덕으로 인하여 누차 뜰
에 가득히 서서 아뢰는 말을 거절하셨으나 끝내는 후곤(厚坤)의
인덕으로 마침내 합문(閤門)을 두드리는 간청을 허락하게 되었다.
우러러 생각하건대 경도(經道)를 지키시려는 일념으로 모두 열 번
아뢰었는데도 우윤을 아끼시다가 다행히도 자애로운 마음을 미
루어 이에 한마디로 쾌히 승락하셨도다."

모두 열 번이나 간청을 했는데도 받아들이지 않다가 다행히도 자
애로운 마음으로 수렴청정을 허락했다고 하는데, 정조에 맞서 한 시
대를 풍미했던 정순왕후의 정치적 입장을 고려한다면 이러한 내용은
정치적 미사여구임을 잘 알 수 있다. 포교문이 발표된 직후 정순왕후
는 곧바로 예조판서, 공조판서 등을 새로 임명한다. 사실 정순왕후의
정치적 행보는 순조 즉위 이전부터 시작되었다. 정조가 승하하기 전,
병세가 위독해지자 정순왕후는 언문 교서를 내려 인사권을 행사한다.

"대행 대왕의 병세가 위독한 상태에 있을 적에 대왕대비가 언서
로 하교하여 전 승지 윤행임을 발탁하여 승정원 도승지로 삼고
이어 구유(口諭)를 내려 빈렴(殯斂)에 입참(入參)하게 하였었다. (중
략) 또 대신 심환지의 말에 따라 언교(諺敎)를 내려 어영대장 신대

겸을 체차시키고 전 참의 박준원을 발탁하여 제수하고서 이어
호위하게 하였다."

_〈조선왕조실록〉 순조 즉위년(1800) 7월 4일

정순왕후가 내린 언문 교서는 왕의 명령이나 마찬가지였다. 이후
정순왕후의 수렴청정은 순조 3년(1803) 말까지 이어진다.

이상에서 살펴본 바와 같이 조선 시대 궁궐에서 언문은 대왕대비를
비롯한 왕실 여인들의 의사소통 도구였다. 대비나 중전은 한자를 알
고 있을지라도 항상 언문을 사용하였으며, 특히 교서나 교지는 꼭 언
문으로 작성하였다. 또한 흥미로운 것은 왕실 여성들만 언문을 쓴 것
이 아니라 신하들도 왕실 여성에게 글을 올릴 때 언문을 사용했다는
점이다. 다음 기록을 보자.

영평 부원군 윤개, 영의정 이준경, (중략) 부제학 김귀영, 대사간
박순이 언서로 중전에게 아뢰기를, (중략) 중전이 언서로 답하기를,
"아뢴 뜻을 알았다. 마땅히 마음에 새겨 두고 형세를 보아 품하
고 결정하겠다. 지금 당장은 결코 계품할 수 없다."
하고, 조금 있다가 중전이 다시 언서로 전교하기를,
"방금 국본에 대한 일을 잠시 계품하였더니 성심이 몹시 동요하
셨다. 결코 이런 시기에 계품할 수 없다."
하였다.

_〈조선왕조실록〉 명종 20년(1565) 9월 17일

신하들이 언문 편지를 써서 중전에게 내용을 전하고, 중전은 이에 언문 편지로 답장을 써 주었다는 내용이다. 왕실 여성은 사대부가의 자제여서 한문을 알고 있었지만, 굳이 신하들이 언문을 써서 글을 올리고 중전도 언문으로 답장을 했다는 사실은 왕실 여성들에게 언문이 그만큼 더 일상적이고 공식적인 의사소통 도구였음을 말해 준다.

궁녀와 연애 편지

조선 시대의 법전 〈대전회통(大典會通)〉에 따르면 궁녀는 '궁중 여관'의 별칭으로 상궁 이하의 궁인직에 종사하는 여인을 일컫는다. 어려서 궁궐에 들어와 예법과 덕성을 교육받고 약 10년에 걸쳐 엄한 수련 과정을 거친 후에야 정식 궁녀가 될 수 있었다. 입궁한 지 15년이 되면 머리를 올리는 관례를 치르는데 이는 왕의 여자가 되었다는 의식이다. 이후부터는 평생 왕이나 세자만을 마음에 모시고 평생을 살아야 한다. 그러다가 왕의 눈에 띄어 하룻밤이라도 부부의 인연을 맺으면 특별 상궁이 되고 후손이라도 낳으면 바로 후궁이 되었다. 그러나 궁녀에서 후궁이 되는 예는 흔한 일이 아니었다. 대개 왕의 후궁은 별도의 절차를 거쳐 간택되었다.

별감과 연애를 꿈꾸다

한번 궁에 들어온 궁녀는 살아서는 궁 밖으로 나가지 못하였다. 모시던 상전이 죽고 난 뒤 나이가 많이 들면 궁 밖으로 내보내 준 경우가 더러 있기도 했지만 그 또한 매우 드물었다. 대개는 연못에 갇힌 물고기처럼 왕만 바라보며 사는 가여운 운명이었다. 평생을 궁궐에 갇혀 사는 일생도 슬프지만 지아비의 사랑을 받아 보지도 못한 채 해바라기만 해야 하는 운명은 더욱 가혹했다.

조선 궁궐 안에서는 궁인들 간의 교감, 연애를 엄히 단속했다. 이를 어기는 일은 강상의 윤리를 어긴 중죄로 다스렸다. 그러나 자연의 이치에 따르는 남녀의 사랑 교감은 엄한 법으로도 없앨 수 없는 노릇이었다. 엄중한 궁궐 생활 속에서도 어쩌다 마주친 남녀 사이에는 연모의 정이 싹텄다.

> 시녀들 가운데 수강궁에 머무르는 자가 있었는데, 한 시녀가 언문으로 아지(阿之, 시속에서 궁내의 유모를 아지라고 부른다-원문 주)의 안부를 써서 혜빈에게 보내니, 혜빈이 내전에 상달하였다. 언문을 승정원에 내렸는데, 그 사연에 이르기를,
> "묘단이 말하기를, '방자(房子)인 자금·중비·가지 등이 별감과 사통하고자 한다.' 합니다."
> 하니, 즉시 의정부 사인 이예장을 불러서 당상에 의논하게 하였다.
> _〈조선왕조실록〉 단종 1년(1453) 4월 2일

사건을 들여다보자. 어느 날 수강궁 시녀 묘단이 혜빈에게 궁녀들의 잘못을 적은 언문 편지를 전달한다. 그 편지를 본 혜빈은 이를 중전에게 전하고 중전은 승정원에 사건의 자초지종을 조사하도록 지시한다. 언문 편지에는 궁녀들이 별감과 연애를 하고자 한다는 밀고 내용이 담겨 있었다.

별감은 어떤 사람인가. 궁중의 자질구레한 일들을 수행하고 문지기 역할도 하는 이로서 일종의 남자 궁인이다. 궁녀들이 자주 부딪칠 수 있는 거리에 있는 사람이 바로 별감이었다. '언제 한번 만나 서로 외로운 마음을 이야기해 보는 건 어떻겠는가?' 별감보다 상대적으로 훨씬 제약된 생활을 한 탓인지 궁녀들이 먼저 연애의 감정을 보낸다. 서넛 궁녀들이 호롱불 밑에 엎드려 언문 쓰기에 숙달한 친구에게 부탁해 자신을 대신해 연모의 편지를 쓰게 한다. 연모의 정은 두려움보다 강한 것일까? 무서운 궁궐의 법규도 그날 밤 궁녀들의 마음을 막지는 못했다.

의금부 지사 이불민이 당상의 의논을 가지고 아뢰기를,
"방자인 중비가 말하기를, '3월 사이에 차비문에 이르러 별감 부귀를 보고 붓을 청하니, 부귀가 이르기를, 「후일에 마땅히 받들어 보내겠다.」 하였습니다. 그 후에 자금·가지 등과 더불어 시녀 월계의 방에 모여서 언문으로 서신을 써 주도록 청하여 부귀에게 보내어 말하기를, 「전날 허락한 붓을 어찌하여 보내지 않는가? 지금과 같이 대궐이 비고 적막한데 서로 만나 보는 것이 좋지 않겠는가?」고 하였습니다. 자금은 아무 사람에게, 가지는 아무 사람에게 모두 서신을 썼는데, 자금은 공초에 자복하였으나, 가지는 승복하지 않았습니다."

_〈조선왕조실록〉 단종 1년(1453) 4월 14일

방자(궁중에서 심부름을 하던 나인이나 하녀) 신분인 중비가 별감 부귀에게 붓 하나만 구해 달라고 한다. 아마도 붓은 구실이고 이를 기회로 서로 만나 보려고 하는 속내가 있었을 것이다. 쾌히 그러마 했던 부귀에게서 연락이 없자, 월계의 방에 모여 만남을 재촉하는 언간을 쓴다. 왜 붓을 구해다 주겠다고 했는데 아직 답이 없는가? 약간의 원망을 표현한 다음 지금처럼 대궐이 비고 적막한 때에 서로 만나 보면 좋지 않겠는가 하는 진짜 속내를 적었다. 자금, 중비, 가지 세 궁녀는 각각 자신의 마음을 담은 언간을 써서 각자가 마음에 두고 있던 소친시(小親侍) 두 사람과 별감 한 사람에게 전한다.

이 세 궁녀가 언간을 보낸 후 실제로 남자들과 사통을 하였는지는 알 수 없다. 연모의 정을 담은 편지는 오갔으나 궁녀들이 처소를 떠나 다른 곳에 나다녔다는 증거가 나오지 않았고 자백도 받아 낼 수가 없었다. 그러면 단지 연모의 정을 담은 언간이 오갔을 뿐인데 그것만으로도 죄가 될까?

의금부에서 아뢰기를,

"방자 가지와 소친시 함로, 방자 중비와 소친시 부귀, 방자 자금

과 별감 수부이 등이 서로 몰래 간통하려고 생각하여 언문으로
써 서로 몰래 통하였고, 또 물건을 서로 주었으니, '내부 재물을
도적질한 율'에 비부(比附)하면 모두 부대시(不待時) 참형입니다.
방자 복덕은 그 청하는 사연을 듣고서 언문으로 그 정을 글로 써
서 외방에 통하게 하고자 하였고, 그 답서가 이르면 이들을 위하
여 풀어서 설명하였으니, '중매하여 결합시킨 자는 범인의 죄에서
1등을 감한 율'에 의하여 장 1백 대에 유(流) 3천 리입니다. 사표
국 승 정을부도 또한 방자의 청을 듣고 마음대로 궐문을 열어 주
었으니, '황성문을 닫아야 마땅한데 잘못하여 열쇠를 내리지 아
니한 율'에 의하여 장 1백 대에 먼 변방에 충군하게 하소서."
하니, 명하여 각각 1등을 감하여 결장(決杖)한 뒤에 수부이·부귀·
함로는 함길도 부령진 관노로 영구히 소속시키고 중비·자금·가
지는 평안도 강계의 관비로 영구히 소속시키고, 정을부는 충청도에
충군시키게 하였다.

_〈조선왕조실록〉 단종 1년(1453) 5월 8일

서로 정을 통하지는 않았지만 그것을 목적으로 편지가 오갔으니
죄가 있으며, 또 서로 궁궐의 물건을 주고받았으니 이는 궁궐 물건을
도적질한 중죄에 해당한다. 이뿐만이 아니다. 궁녀들의 편지를 대신
써 주고 답장이 오면 궁녀들에게 해석해 주며 중매쟁이 노릇을 한 방
자와 또 방자의 청을 받아 대궐문을 때가 아닌 때 열어 준 관리도 죄
를 받았다. 이들은 모두 장을 맞고 유배당하였는데, 궁녀들은 관비

로, 소친시와 별감은 관노로 보내졌다. 궁궐 생활에서 쫓겨나 관노나 관비가 되는 것은 천민 신분이 되는 것을 말한다. 노비 중에서도 관노와 관비는 가장 열악한 처지였다. 연모의 정을 담은 편지를 내왕했다고 장형을 받고 관청 노비가 되었으니 참으로 가혹한 처사였다.

연모의 언서로 참형을 받은 덕중

〈실록〉에는 궁녀들의 연애 스캔들이 더 실려 있다. 앞서 소개한 단종 때의 사건은 그 장본인이 정식 궁녀가 아닌 방자였다. 방자는 궁중의 허드렛일을 도와주는 궁녀 아래 신분의 사람들이었다. 그들과는 달리 정식 궁녀 신분으로 일으킨 스캔들은 그 결과가 훨씬 참혹하였다. 그중 언문 편지 때문에 들통이 나 결국 주인공이 참형을 당한 비극적인 사건이 하나 있다.

"궁인 덕중이 언문으로 편지를 써서 환관 최호·김중호에게 주어, 귀성군 이준에게 통하여 생각하고 연모하는 뜻을 말하였는데, 이준이 그 아비 임영대군 이구와 더불어 함께 와서 아뢰었다. 아무것도 모르는 아녀자의 일은 족히 논할 것이 없지마는, 환자(宦者)만은 조금 지식이 있는데 궁녀의 말을 듣고 외인에게 전하였으니, 죄를 알 수 있는 것이다. 내가 마땅히 밝게 전형을 바르게 하여 그 죄를 폭로하겠다. 예전에 이르기를, '교훈할 수 없는

것은 오직 부시(婦寺)라.' 하였는데, 내가 환자를 다스리는 데에
이미 엄하게 하였으나 오히려 이러한 무리가 있어 기강을 어지럽
히니, 이것은 가도(家道)가 정제되지 않은 까닭이다."

하고, 곧 최호와 김중호를 불러 묶어 놓고 때리어 신문하니, 모두
다 승복하였다. 명하여 두 환자를 문 밖에 끌어내어 때려죽였다.

궁인 덕중은 귀성군 이준을 마음에 두고 연모의 정을 키우다가 마
침내 마음을 담은 언문 편지를 쓴다. 그 편지를 이준을 직접 만나 전
하기는 어려웠으므로 편지 전달을 환관들에게 부탁한다. 그런데 덕중
의 편지를 건네받은 이준은 이 사실을 제 아비에게 고하고 아비와 아
들이 나란히 와서 왕에게 사실을 고발한다. 세조는 이 일을 그냥 넘기
지 않았다. 환관은 임금의 곁에서 일거수일투족을 받드는 신분이므로
법도를 어기는 일은 다른 어떤 신분보다 엄히 다스렸다. 세조는 아무
것도 모르는 아녀자의 일은 논할 것이 못 되지만 궁궐의 일을 잘 알고
있으면서도 이를 어긴 환관의 죄는 크다 하며 환관 최호와 김중호의
자백을 받은 후 둘을 문 밖으로 끌어내어 때려죽인다. 편지를 전달한
사실만으로 죽임을 당한 것이다. 그렇다면 애초에 사건을 일으킨 장
본인인 궁인 덕중은 어떻게 되었을까?

"궁인의 죄가 또한 이미 극도에 달하였다. 한편으로는 종친을 더
럽히고 한편으로는 환관을 해하였으니, 내가 마땅히 죽여야 하
겠으나 다만 눈앞에서 오래 본 때문에 우선 너그럽게 하고자 하

는데, 여러 재상들의 뜻에는 어떠한가?"

하니, 모두 말하기를,

"죽여야 합니다."

하였다. 임금이 말하기를,

"내 마땅히 죽이겠다. 인군의 마음은 정대 광명하여 한 번 베고
한 번 상주는 것을 모두 공의로 결단하니, 어찌 조금이라도 미워
하고 사랑하는 것이 그 사이에 있을 수 있는가?"

_〈조선왕조실록〉 세조 11년(1465) 9월 4일

세조는 언간을 전달한 두 환관은 때려죽이고 사건의 장본인인 덕
중은 오래 보아 온 정이 있는 터라 너그럽게 용서하고자 하니 어떻게
생각하느냐고 신하들의 의견을 묻는다. 이에 신하들은 모두 덕중도
죽여야 한다고 한목소리를 낸다. 명분이 확실하지 않은가. 법의 공평
한 실행이라는 명분 앞에서 세조도 돌파구를 찾지 못한다. 결국 덕중
은 다음 날 교형에 처해진다.

세조가 덕중을 살려 주고자 한 데는 이유가 있었다. 덕중은 세조가
수양대군 시절에 정을 통했던 여인으로, 수양이 왕위에 오른 후 궁으
로 데려와 후궁으로 삼았다. 그런데 덕중이 낳은 아들이 죽고 말았고
이후 덕중은 후궁에서 궁인으로 강등되는 신세가 되었다. 한때 왕의
후궁이었고 아들까지 얻었는데 하루아침에 궁인으로 강등되고 왕의
사랑도 식었으니 그 마음이 오죽하였으랴. 그 침통함과 자포자기의
심정 때문이었을까? 덕중은 계속하여 스캔들을 일으킨다.

"나인 덕중이 일찍이 환관 송중을 사랑하다가 일이 발각되자 아울러 그 죄를 다스렸는데, 다시 생각하건대 죄는 나인에게 있고 송중은 상관이 없으므로 송중으로 하여금 공직(供職)하기를 처음과 같게 하였다. 뒤에 또 편지를 써서 환관 최호로 하여금 귀성군 이준에게 전하게 했다. 이준이 아비 임영대군 이구와 더불어 곧 내게 갖추어 아뢰었다. 내가 폭로하려 하지 않아서 곧 내치어 방자의 역에 이바지하게 하였는데, 오히려 뉘우쳐 고치지 않고 지금 다시 편지를 써서 환관 김중호를 시켜 이준에게 전하였다. 이준이 이구와 더불어 또 즉시 갖추어 아뢰었으므로 내가 친히 물으니 하나하나 승복하였다. 곧 최호와 김중호를 때려죽이고 나인도 또한 율로 처단하였다. 슬프다! 천하 국가를 다스림에는 기강을 바르게 하는 것이 제일 급한 일로서, 왕자(王者)가 베고 상 주는 것은 한결같이 하늘에 들리는데, 어찌 미워하고 사랑하는 마음이 있을 수 있겠는가? 죄고(罪辜)는 모두 자신이 부른 것이다."

_〈조선왕조실록〉 세조 11년(1465) 9월 5일

덕중이 궁녀로 강등된 후 환관 송중을 사랑하여 편지를 전하다가 발각된 일이 있었다. 이어 다시 덕중이 이준을 연모하여 언문 편지를 썼고, 이를 환관 최호를 시켜 전달하도록 했다. 이 편지를 받은 이준이 고발하는 바람에 들통이 나 덕중은 방자로 강등되었다. 그러나 덕중은 이준에게 언문 편지 쓰는 일을 멈추지 않았고 이번에는 환관 김중호에게 편지 전달을 부탁한다. 이 일도 다시 이준의 고발로 알려지고 환관 최호와 김중호는 죽임을 당한다.

애꿎은 사람을 죽음으로 몰아가고 자신도 죽임을 당할 만큼 덕중의 사랑이 절실했는지는 알 수가 없다. 그러나 여인의 연모 편지를 받고 곧바로 왕에게 고한 이준은 도대체 어떤 사람이었을까 하는 궁금증은 사라지지 않는다. 당시의 법률에 따르면 궁궐 안에서 궁녀의 애정 행각이 발각되었을 때 어떤 결과를 불러오게 될지는 명약관화한 상황이었다. 그런데도 서슴지 않고 이준은 덕중의 편지를 들고 왕에게 달려가서 고발한다. 혹여 다른 통로로 사건이 알려졌을 때 자신에게 미칠 화가 두려웠던 것일까? 그의 매정함과 덕중의 사랑이 엇갈려 낳게 된 비극이었다.

그러나저러나 덕중의 편지가 궁금하다. 그 애절한 사랑과 탄식을 언문으로 써 내려가며 그녀는 무슨 생각을 했을까?

4장

백성의 소통법

언문 상소로 억울함을 호소하다

   태종은 1401년에 백성들의 억울한 일을 직접 해결해 줄 목적으로 대궐 밖 문루 위에 북을 달아 놓고 누구든지 와서 북을 울려 직접 사건을 고발하도록 하였다. 이른바 신문고라고 불리는 이 제도는 연산군 때에 잠시 중단되었다가 영조 때 복구된 대표적인 민의 상달 제도였다.

　원통하고 억울한 일을 호소하는 자는 서울은 주장관에게 올리고, 지방은 관찰사에게 올린다. 그렇게 한 뒤에도 원억이 있으면 사헌부에 고하고 그리하고서도 원억이 있으면 신문고를 친다. 신문고는 의금부 당직청에 있다. 무릇 올려진 말은 당직원이 사헌부의 퇴장을 살펴보고 나서 받아서 왕에게 아뢴다.

백성들은 억울한 일을 당하면 일차적으로 각 고을의 관찰사에게 고하고, 거기서도 해결되지 않으면 사헌부에 고하고 그러고도 원통함이 남으면 신문고를 울려 왕에게 직접 고발하도록 하였다. 신문고 제도가 다른 절차를 거치지 않고 사건을 신속하게 처리하자 이를 이용하려는 사람들이 매우 많았다. 조선 중기에는 신문고 이용에 제한을 둘 정도였다. 하인이 그의 상관이나 주인을 고발한다거나, 향리나 백성이 관찰사나 수령을 고발하는 경우, 또는 타인을 시켜 남을 고발하는 행위는 벌을 주었고, 오직 종사에 관계된 억울한 사정이나 개인의 목숨에 관계되는 범죄·누명이나 억울함을 고하는 자에 한해 상소 내용을 접수하여 해결해 주었다. 이렇듯 사용 제한을 두었지만 신문고 이용은 줄지 않았다.

그러나 신문고가 이렇게 활성화되었어도 실제로 일반 백성들이 이를 이용하는 경우는 매우 드물었고 향리나 관리들이 사용하는 경우가 대다수를 차지했다. 백성들은 의금부 당직청에 있는 신문고를 두드린다는 일 자체가 두렵기도 했지만 무엇보다도 자신의 억울한 처지를 문서로 작성할 만한 능력이 되지 못했다. 설령 당직을 선 사헌부 관리에게 말로 고하고 이를 사헌부 관리가 대신 문서로 작성해 줄 수는 있었을지라도 개인의 억울함을 직접 전달하지 못하는 사정은 해소되지 않았다.

언문을 깨쳐 문자 생활을 누리다

언문이 보급되자 문자 생활이 가능하게 된 백성들 중에는 직접 서
장을 작성하여 상언하는 사람이 생기게 되었다.

> 철비의 상언을 해사(該司)에 내렸다. 철비는 종실의 딸인데, 언문
> 으로 상언하는 말을 써서 예(例)에 따라 성상의 덕을 입어 사천을
> 면해 주기 바랐었다. 정원이 아뢰기를,
> "철비는 언문으로 상언을 올려 지극히 무례하고, 또한 그 소원도
> 들어줄 수 없는 것이니, 추고하여 죄를 다스리시기 바랍니다."
> 하니, 그대로 따랐다. 철비는 곧 이과의 어미다.
>
> _〈조선왕조실록〉 중종 4년(1509) 9월 11일

이 기록에 따르면 '철비'라는 여인이 자신의 천민 신분을 면하게 해
달라는 언문 상언을 올렸다. 철비는 연산군 때 반기를 들고 중종반정
에 가담했다가 오히려 반정의 무리에 정치적 공격을 받아 몰락한 이
과의 모친이다. 원래는 천민 신분이 아니었으나 집안이 역적으로 몰
리면서 천민 신분이 되었다. 하지만 면천해 달라는 철비의 상언은 무
례하고 그 내용도 받아들일 수 없는 것이라 하여 오히려 처벌 대상이
된다. 어쨌거나 조선 사회에서 아녀자로서 직접 문서를 작성해 상언
을 감행한 일은 매우 이례적이라 하겠다.
　비슷한 사정을 보이는 또 하나의 기록이 있다.

의금부가 아뢰기를,

"죄를 받고 죽은 이홍로의 처 기씨가 언문으로 쓴 단자를 가지고 와서 당직청에 올렸습니다. 그런데 언문으로 상언하는 일은 전례가 있지 않으나 대신에게 관계되어 사정이 절박하므로 부득이 받아들이지 않을 수 없었다는 뜻을 감히 아룁니다."

하니, 알았다고 전교하였다.

_〈조선왕조실록〉 광해 2년(1610) 5월 5일

이홍로는 선조 대에 장원급제하여 벼슬이 경기도 관찰사에 이르렀다. 그런데 당시 조선은 당쟁이 치열했다. 사림파가 동인, 서인으로 나뉘고 다시 동인이 남, 북으로 갈라지고, 다시 북파는 대북, 소북으로 갈렸다. 이때 이홍로는 소북파에 속했었는데 광해군이 왕위에 오르면서 대북파가 집권하는 바람에 희생되었다. 위의 기록에 등장하는 기씨는 이홍로의 처로서 이홍로가 역적으로 몰려 죽고 집안이 가난해지자 언문 단자에 그 사정을 적어 왕에게 상언하였다.

광해군 때만 하더라도 언문 상언은 일반적인 일이 아니었다. 더구나 아녀자가 상언을 올리는 일은 더더욱 드물었다. 그런 상황에서 기씨의 언문 상언은 관리들을 당황스럽게 한 게 틀림없다. 의금부 관리들은 일단 기씨의 언문 상소를 대신과 관련된 일이라며 왕에게 고하긴 했지만 그 후의 처리에 대해 전전긍긍하는 모습을 보인다.

"지난번 이홍로의 처가 올린 언문 상언을 받아들일 때에 신들도 전례가 없는 일이라서 미안한 줄은 알았지만, 대신에게 관계된 일인 데다 정리가 절박하기에 아뢴 사유를 갖추어 올렸습니다. 그런데 지금 거듭 물의가 일어나 법을 어기고 받아들인 것이 잘 못이라고 합니다. 이는 대개 왕부는 지극히 엄하고 상언은 지극히 중대한 일이므로 터럭만큼이라도 법에서 벗어난 일을 용납하여서는 안 되고 언서의 출납은 일이 매우 외설스러울 뿐만 아니라 또한 후일의 폐단이 있을까 싶어서 그런 것입니다. 신들은 모두 어둡고 망령되어 법을 받들어 이행하지 못한 죄가 한두 가지 뿐만이 아닙니다. 황공함을 금하지 못하겠기에 땅에 엎드려 죄를 기다립니다."

하니, 답하기를,

"대신과 관계된 일이므로 일상적인 법규에 구애받을 수 없다. 받아들이는 것이 옳으니 대죄하지 말라."

하였다.

_〈조선왕조실록〉 광해 2년(1610) 5월 10일

왕에게 올리는 상언은 터럭만큼이라도 법에서 벗어남을 용납해서는 안 되는 일인데, 관리로서 아녀자의 언문 상언을 왕에게 고한 일은 잘못되었으니 자신들의 우매한 행위에 대해 벌을 내려 달라고 청하는 모습이다. 그 말 중에 언서로 된 상언은 매우 외설스럽다는 지적이 나온다. 언문이 백성들 사이에 널리 쓰이게 되면서 그 글 내용이 가족관계나 남녀관계를 담은 경우가 많았는데 아마도 외설스럽다는 지적은 그런 저간의 정황을 반영한 것으로 보인다.

의금부 관리들의 대죄 요청에 대해 광해군이 내린 판단은 명쾌하고 합리적이다.

사간원이 아뢰기를,

"의금부의 사체는 매우 엄중하고, 상언하는 규례가 법전에 실려 있으므로 비록 억울한 일이 있다고 하더라도 계속하여 올릴 수 없는 법인데, 더구나 예로부터 있지 않았던 언서로 하는 경우이겠습니까. 그러므로 지난번에 죄를 받아 죽은 이홍로의 부인 기씨가 함부로 언서로 상언하였을 때, 금부의 관원이 마땅히 도리에 의거하여 물리쳤어야 했는데 감히 받아들였는가 하면, 또 이어서 이에 대한 변명까지 하였으며, 정원에서도 일의 전례를 돌아보지 않은 채 흐리멍덩하게 입계하였습니다. 이러한 일이 한 번 있게 되면 뒤 폐단을 바로잡기 어려우므로 세상의 여론이 더욱 괴이하게 여기고 있습니다. 금부의 당상과 색낭청 및 색승지를 파직시키고, 그 언문 상소는 다시 돌려주도록 하소서."

하니, 답하기를,

"동기(同氣)를 위해 지극히 억울한 일을 호소하고 있는 데다가 또 스스로 밝힌 일이 있다. 그렇고 보면 그 부인의 도리에 있어서 언서로 상언하는 것이 무슨 지장이 있겠는가. 더구나 대신을 신원하는 일과 관계가 있으니 금부와 정원에서 어찌 받아들이지 않을 수 있었겠는가. 이것은 일상적인 법규로 개괄하여 논해서는 안 될 것이니, 이에 대해 논한 바는 지나치다고 하겠다."

하였다.

_〈조선왕조실록〉 광해 2년(1610) 5월 16일

관리들은 기씨의 언문 상언이 전례가 되어 앞으로 백성들이 이러한
예를 자주 만들지도 모른다는 우려와 지금까지 해 온 상언의 격식이
나 규례에도 어긋나서 뒤 폐단이 있을 것이라는 염려를 하고 있다. 관
리들이 백성들의 언문 문자 생활에 대해 부정적인 생각을 가지고 있
음이 드러난다. 그러나 광해군은 언문의 보급이나 문자 생활에 대해
좀 더 진취적인 생각을 보이고 있다. 광해군은 즉위하면서부터 언해
작업에 깊은 관심을 가지고 노력을 기울였다. 보위에 오르자 세종 때
간행한 〈삼강행실도〉와 중종 때 펴낸 〈신속삼강행실도〉를 합친 후 이
를 언해하는 번역 사업을 추진하였다. 임진왜란 이후에 어지러워진
사회 풍속과 기강을 바로잡고 유교적 사회 질서를 굳건히 하려는 의
도가 있었다.

백성들의 언문 상소는 조선 후반기에 이르면 빈번하게 이루어지고
그 사연도 다양해진다.

언문 상소로 가난한 살림을 구제 받다

주강에 나아갔다. 임금이 말하기를,

"국가의 급무는 권농(勸農)보다 더한 것이 없다. 봄철을 당할 적마다 신칙하지 않은 것이 아닌데도 기근과 여역으로 사망하는 사람이 잇달았으므로 가까스로 살아남은 잔약한 백성들이 농지에 힘을 쓰기가 어려운 상황이다. 앞서의 절목에 다시 첨삭을 가하여 제도에 신칙함이 옳다."

하였다. 지경연 이유가 아뢰기를,

"고(故) 참판 이단석은 청백하기로 이름났는데, 죽고 나서는 송곳 하나 세울 땅도 없어서 그의 아내가 언서로 단자를 올려 급박함을 구제할 수 있는 도움을 주기를 빌었으니, 그 정상이 가련하기 그지없습니다. 여기에서 그가 청백하였다는 것을 더욱 증험할 수가 있으니, 진휼청으로 하여금 금년을 기한으로 매달 쌀 1곡씩을 지급하게 하는 것이 청렴을 권장하는 법전에 부합될 것 같습니다."

하니, 임금이 옳게 여겼다.

_〈조선왕조실록〉 숙종 25년(1699) 4월 3일

숙종 대에 어느 참판의 아내가 가난에 못 이겨 언문 단자로 상언을 하니, 사헌부에서 사정에 동감하여 매달 쌀 1곡씩을 지급하도록 요청하고 있다. 이 사례에서는 백성이 그것도 아녀자가 언문 단자를 올려 호소하고 있지만 관리들은 예전처럼 사건 처리를 두고 당황하는 모습은 보이지 않는다. 다만 그 내용을 수용할지를 논의하고 있을 뿐이다. 이 시기에 이르면 백성들 중에 언문을 알고 쓰는 사람이 많아지고 또 언문을 이용하여 자신의 처지를 하소연하는 경우도 늘어난 것으로 짐작할 수 있다.

〈실록〉에는 백성이 언문 상소를 통해 어려움을 만회한 예가 또 보인다.

> "신이 일찍이 문충공 정몽주의 자손을 녹용(錄用)할 것을 청했습니다. 그런데 그 봉사손(奉祀孫)인 정호가 죽어 사우(祠宇)를 맡길 데가 없어졌습니다. 단지 늙은 부인이 언단을 올려 대신 제사 지낼 것을 청하고 있으니, 참으로 딱한 일입니다. 청한 바에 따라 정호의 종제(宗弟)인 정집에게 우선 제사를 대신 지내게 하고 종인(宗人)이 장성하기를 기다려 입후(立後)하는 것이 마땅할 듯합니다."
>
> 하니, 임금이 허락하였다.
>
> _〈조선왕조실록〉 영조 19년(1743) 2월 5일

정몽주의 직계 자손이 죽어 제사를 지낼 손이 끊어졌으므로 늙은 부인이 언문 단자를 올려 청하기를 가문의 다른 형제 집에서 제사를 지낼 수 있게 해 달라고 하였다. 사정이 딱하니 청한 바에 따라 허락한다는 내용이다. 조상의 제사를 누가 지낼 것인가 하는 문제를 국가의 허락 여부에 따라야 할 정도로 엄격한 유교 질서가 지배하는 조선의 사회상을 엿보게 하는 기록이다. 동시에 백성들의 사사로운 일도 관리가 듣고 이를 왕에게까지 보고하는 행정 체제가 가동되고 있음

도 보인다. 그 체제를 작동시키는 데 언문을 통한 백성들의 문식력 획득이 큰 역할을 했을 것이다.

한을 실은 언문 편지

엄격한 유교 사회에서 백성들이 겪은 고통이 어찌 가난뿐이었겠는가? 조선의 여인들은 결혼 생활에서 오는 서러움도 깊었다. 여인의 비극적 운명을 담은 언서도 발견된다.

대신과 비국(備局)의 여러 신하들을 인견하였다. 집의 김치룡이 의논하기를,

"고(故) 진사 유석기는 윤씨에게 장가가서 아들 유언성을 낳고 그 아내를 쫓아 버렸습니다. 그 뒤에 유석기가 죽고 유석기의 아버지 유명관이 또 죽으니, 유언성이 대를 이어 그 상(喪)에 복(服)을 입었습니다. 윤씨도 자기 집에서 부음을 듣고 그 집에 도착하니, 유명관의 동생이나 아들 및 친척들이 누구도 이의를 걸어오는 이가 없었습니다. 그런데 유독 유명관의 매제 심익겸이 유언성이 입은 최복을 빼앗았고 윤씨로 하여금 통곡하며 방황하여 갈 곳이 없게 하였습니다. 이에 드디어 자기 남편의 무덤에 가서 언서로 유서를 써서 묘목에 걸어 놓고, 그 나뭇가지를 꺾어서 자기의 목을 찔러 죽었습니다. 유명관의 아우 유명겸은 그 집안의

어른이 되어서 집안을 잘 처리하지 못하여 이런 변고를 발생시켰

으니, 심익겸과 유명겸을 해조로 하여금 수금시키고, 사실을 밝

히도록 하소서."

하니, 그대로 따랐다.

_〈조선왕조실록〉 숙종 27년(1701) 4월 25일

숙종 대 윤씨라는 여인이 소박을 맞아 쫓겨난 후 남편과 시아버지
의 상을 당해 다시 집을 찾았으나 크게 모욕을 당하여 결국 남편의
묘지에 가서 자신의 심정을 토로한 언문 유서를 써 놓고 자결하였다.
저간의 사정을 알게 된 사헌부에서는 집안의 어른인 유명겸과 윤씨를
모욕한 당사자인 심익겸을 벌할 것을 청하고 있다. 집안을 제대로 거
느리지 못하고 한 여인을 죽음에 이르게 했다는 죄목이었다.

유교적 질서가 강력했던 조선 사회에서는 가족 관계에 따라 상례
를 치르는 법도가 매우 엄격하였다. 소박맞은 여인은 이미 그 집안의
사람이 아니므로 남편 집안의 상례에 참여할 수 없는 처지이기는 했
다. 그렇다고 하더라도 한 여인의 진정성을 무시하며 법도와 예에 집
착한 행위는 결국 옳지 않다는 판결이 떨어졌다. 언문 편지 한 통에
사연을 담은 채 자결한 여인의 슬픈 죽음이 완고하기 이를 데 없는
사대부 남자를 징계한 셈이다.

언문 소설의 매력에 빠지다

백성을 미혹하게 하는 〈설공찬전〉을 금하라

이야기책이 언문으로 번역되어 번져 나갔다는 사실은 언문 생활사에서 시사하는 바가 크다. 이는 한문 소설책을 언문으로 번역하여 유통시킬 만큼 언문 문자 생활이 폭넓게 이루어지고 있었음을 의미한다. 언문을 깨쳐 문자 생활을 누리는 백성의 수가 늘었을 뿐만 아니라 양반층에서도 언문으로 문자 생활을 즐기는 이들이 생겨났고, 조선 중기에 이르러서는 지금까지 한문 문화생활만을 누려 온 사대부들도 언문의 문자적 가치를 받아들이지 않을 수 없었다.

16세기 초반, 채수가 지은 〈설공찬전〉이라는 소설이 백성들 사이에 큰 인기를 얻었다. 한문책을 언문으로 번역한 이 이야기에 수많은 백성들이 빠져들었다. 그런데 그 내용이 조선의 유교 정치철학과는 맞지 않아서 문제가 되었다.

> 사헌부가 아뢰기를,
> "채수가 〈설공찬전〉을 지었는데, 내용이 모두 화복이 윤회한다는 논설로, 매우 요망한 것인데 중외(中外)가 현혹되어 믿고서, 문자로 옮기거나 언어(諺語)로 번역하여 전파함으로써 민중을 미혹시킵니다. 부에서 마땅히 행이(行移)하여 거두어들이겠으나, 혹 거두어들이지 않거나 뒤에 발견되면, 죄로 다스려야 합니다."
> 하니, 답하기를,
> "〈설공찬전〉은 내용이 요망하고 허황하니 금지함이 옳다. 그러나 법을 세울 필요는 없다. 나머지는 윤허하지 않는다."
> 하였다.
>
> _〈조선왕조실록〉 중종 6년(1511) 9월 2일

채수는 성종 때 성균관 대사성과 호조참판을 지냈는데 폐비 윤씨를 옹호하다 성종의 노여움을 사 벼슬에서 물러났다. 이후 연산군 때는 외직으로 돌다가 중종 이후 병을 핑계로 경상도 상주에 은거해 있던 중 〈설공찬전〉을 썼다. 〈설공찬전〉은 당시 중종반정에 기여한 신흥 사대부들의 권력 집중에 대한 비판 의도를 담고 있다. 이야기는 '저승'을 다녀온 '설공찬'이라는 주인공이 당시 정치적 인물들에 대한

염라대왕의 평가를 전하는 형식으로 전개되는데 허구의 정치적 인물들은 현실의 인물들과 하나씩 연결된다. 이야기 곳곳에 당시로서는 매우 선구적이라고 할 만한 사상이 보이기도 하는데, 그중 다음과 같은 구절이 있다. "이승에서 비록 여편네 몸이었어도 약간이라도 글을 알면 저승에서 소임을 맡아 잘 지낸다." 이는 남존여비에 대한 비판적인 관점을 드러내고 더불어 문자의 힘이 얼마나 중요한가도 피력하는 내용이다.

〈설공찬전〉은 백성들 사이에 빠르게 퍼져 나갔다. 한문으로 옮겨 적거나 언문으로 번역한 책을 백성들은 다투어 읽었다. 위의 〈실록〉 기록에서 사헌부 관리들은 백성을 미혹하게 하는 〈설공찬전〉을 모두 거둬들여 없애고 그 후에 몰래 가지고 있다가 발각되는 경우에는 벌을 내려야 한다고 중종에게 청하고 있다.

과거 합격이 취소되다

사간원에서 논핵하기를,

"과장(科場)의 문자는 노자·장자와 이단 등의 말을 사용하지 못한다는 것은 명백하게 금령이 있는데, 금번 2소에서 입격한 거자의 시권 가운데에는 불경(佛經)의 말이 많이 있었으니, 심지어는 극락세계·8백 나한 따위의 말까지 있었으며, 1소의 거자 시권 가운데에는 서포패설(西浦稗說)로써 두서를 삼았다고 합니다. 서포는 곧 근래 재신의 호이고, 패설이란 곧 만필(漫筆)한 소설의 종류이니, 이러한 격식 외에 효잡(淆雜)한 글을 엄중하게 금단을 더하지 않는다면, 과장을 엄중히 하여 뒷날의 폐단을 막을 수 없게 될 것입니다. 청컨대 해조로 하여금 문과 1소와 2소의 입격 시권을 거두어 모아 서로 상고하여 빼 버리도록 하고, 해당 시관은 모두 종중추고(從重推考)하도록 명하소서."

하니, 임금이 그대로 따르고, 빼 버리는 일을 해조로 하여금 품처케 하였다. 이후 예조에서 복주하여 입격한 사람 최도문·육홍운 등을 아울러 빼 버렸다.

_〈조선왕조실록〉 숙종 36년(1710) 5월 21일

조선의 과거는 문과, 무과, 잡과로 나뉘었지만 대개 과거라고 하면 문관을 뽑는 문과를 말한다. 넓은 창덕궁 인정전 앞에 모인 수백의 젊은 유생들이 당일 내걸린 시제를 보고 그동안 공부했던 지식을 총동원하여 열심히 글을 써 내려가는 광경이 떠오른다. 문과에는 사서삼경 중심의 경학 시험과 시와 문장력을 가리는 사장 시험이 있었다. 경학 시험에서는 주희의 주석을 바탕으로 한 성리학적 답변만이 통용되었고 다른 해석이나 경전은 이단으로 여겼다. 사장 시험에서도 시와 문장의 엄격한 형식을 요구하였다. 문과의 마지막은 오늘날로 보면 일종의 논술 시험과 같은 것이었다. 왕이 직접 시제를 던지면 유생들은 적절한 근거와 중국 고사를 들어 글을 써야 했다.

이러한 과거의 내용과 관련된 직접적인 기록이 바로 위에 인용한 부분이다. '금번 과거에 합격한 유생 가운데 답안에 불경을 인용한 사람이 있고, 또 서포의 패관소설을 글머리로 삼은 이가 있으니, 이들의 합격을 취소하여 뒷날의 폐단을 막아야 한다.'고 사간원 관리들이 청하고 있다.

두 경우 중에서 서포의 글을 인용하여 답안을 작성한 유생의 예를 생각해 보자. 〈실록〉에서 지적한 서포패설은 서포 김만중의 소설을 가리키는 말이다. 김만중은 우리 문학은 우리 글로 쓰여야 진정한 문학이라고 소신을 밝힐 정도로, 성리학이 주조를 이루던 시대에 매우 선구적인 생각을 가진 문인이었다. 김만중이 남긴 소설 〈구운몽〉과 〈사씨남정기〉는 숙종 대에 쓰였는데, 서포가 당쟁의 와중에 관직을 박탈당하고 선천 및 남해로 유배되었을 때 쓴 것으로 추정된다. 〈구운몽〉은 언문본이 먼저인지 한문본이 먼저인지 아직 논란이 있고 〈사씨남정기〉는 처음부터 언문으로 쓰였다.

〈구운몽〉은 오늘날로 말하면 베스트셀러였다. 아녀자들뿐만 아니라 유생들 사이에서도 널리 읽혔다. 서포의 작품이 얼마나 큰 영향을 끼쳤는가 하는 것은 위의 기록을 통해서도 여실히 드러난다. 사서삼경과 중국식 시 문장을 외워 과거를 보아야 하는 유생이 자신의 답안에 서포의 소설 내용을 인용할 정도였다. 〈구운몽〉은 후에도 조선 백성들 사이에서 큰 인기를 누렸다. 병풍에도 〈구운몽〉의 이야기를 소재로 한 여덟 폭 그림을 그려 넣었고 이후 등장하는 판소리계 소설인 〈춘향전〉에 〈구운몽〉의 구절이 인용되기도 하였다.

별다른 문화생활거리가 없던 시절에 이야기책은 계층을 초월하여

김홍도, 〈담배 썰기〉

널리 읽혔다.

> 사람들이 언문 소설을 가지고 와서 내가 긴 밤을 지새우는 데 도
> 움이 되게 하였다. 보니 〈소대성전〉이라고 쓰여 있었다. 이것은 서
> 울의 담배 가게에서 부채를 쳐 가면서 낭독하던 그런 책이 아닌가.
> 윤리가 없고 그저 사람들로 하여금 한바탕 웃게 만들 뿐이다.
>
> _이옥(1760~1815), 〈봉성문여〉

양반도 긴 밤을 지새우는 소일거리로 언문 소설을 읽었다는 기록
이다. 그 내용이 비록 성리학의 질서를 담은 것은 아니나 한바탕 웃
을 수 있는 이야기라고 소개하고 있다. 이에 따르면 담배 가게에서 언
문 이야기책을 읽어 주는 일이 하나의 풍속으로 자리 잡은 것처럼 보
인다. 실제로 김홍도의 풍속화 〈담배 썰기〉를 보면 담배를 써는 등의
일을 하는 사람들 맞은편에서 바닥에 책을 펼쳐 놓고 부채를 든 채
흥을 내며 책을 읽어 주는 사람이 등장한다. 오늘날로 보면 라디오를
켜 놓고 이야기를 들으며 일을 하는 정경과 흡사하다.

비녀를 팔아 책을 빌려 읽다

조선의 백성들이 이야기에 얼마나 빠져 있었는지는 다음의 기록에
서도 여실히 드러난다.

요즘 부녀자들이 다투어 일삼는 것 가운데 기록할 만한 것으로 패설 읽는 것이 있다. 패설은 날로 달로 늘어 그 종류가 수백 수천에 이른다. 쾌가(儈家)에서는 이것을 깨끗이 베껴 누구에게나 빌려 주고 값을 거두어 이익을 취한다. 부녀자들은 식견도 없이 비녀와 팔찌를 팔거나 동전을 빚내서까지 다투어 빌려다가 긴 날의 소일거리로 삼는다.

_채제공(1720~1799), '여사서서', 〈번암집〉

아녀자들이 언문 소설에 빠져 책을 빌리느라 비녀도 팔고 팔찌도 팔고 심지어 빚을 내는 경우도 있다는 기록이다. 언문 소설이 이렇게 사람들 사이에 유행하자 책을 빌려 주는 전문 직업이 생겨나기도 했다. '쾌가'라고 불리는 책 대여점에서는 언문 소설을 베껴 여러 권을 보유하고 있다가 사람들에게 돈을 받고 빌려 주곤 했다. 책을 베끼는 과정에서 이야기의 일부를 생략하거나 혹은 추가하기도 했는데, 언문 소설에 내용이 조금씩 다른 이본이 생겨난 것은 이 때문이다.

글을 빌려다가 읽었을 뿐만 아니라 글을 잘 읽는 사람을 데려다가 낭독하게 하여 그 이야기를 듣기도 했다. 그리하여 조선 후기에는 직업적으로 책을 읽어 주는 사람들이 나타났다. '전기수(傳奇叟)'라고 불리는 이들은 사람들이 많이 모이는 곳에서 당시의 유명한 소설을 읽어 주었다. 요즘으로 보면 전기수는 공연을 하는 연예인과도 같았다. 이들은 이야기를 읽어 나가는 중에 여러 목소리를 내고 호흡을 빠르게도 하고 늦추기도 하고 더러는 멈추기도 하면서 청중의 애간장을 녹이는 기술이 있었다. 몇 번씩 들어서 다 알고 있는 내용인데도 구경꾼들은 자리를 떠나지 못했다.

전기수는 동대문 밖에 살았다. 언문 패설을 잘 읽었는데 〈숙향전〉, 〈소대성전〉, 〈심청전〉, 〈설인귀전〉과 같은 것들이었다. 매월 초하루는 제일교 아래, 2일은 제이교, 3일은 배오개, 4일은 교동 입구, 5일은 대상동 입구, 6일은 궁각 앞에 앉아 책을 읽었다. 이렇게 올라갔다가 7일부터는 다시 내려온다. 내려왔다가 다시 올라가고 다시 내려오고 하면서 한 달을 지내는데 다음 달도 마찬가지다. 책을 재미있게 읽기 때문에 사람들이 담처럼 둘러서서 듣는다. 읽다가 가장 중요하여 들을 만한 대목에 이르러서는 갑자기 멈추고 아무 말도 하지 않는다. 그러면 사람들은 다음이 궁금하여 다투어 돈을 던지는데, 이것을 요전법이라 한다.

_조수삼(1762~1849), 〈추재기이〉

전기수가 읽어 주는 이야기에 백성들이 얼마나 몰입했는지를 알려 주는 다음과 같은 〈실록〉의 기록이 있다.

"항간에 이런 말이 있다. 종로 거리 연초 가게에서 짤막한 야사를 듣다가 영웅이 뜻을 이루지 못한 대목에 이르러 눈을 부릅뜨고 입에 거품을 물면서 풀 베던 낫을 들고 앞에 달려들어 책 읽는 사람을 쳐 그 자리에서 죽게 하였다고 한다. 이따금 이처럼 맹랑

한 죽음도 있으니 참으로 가소로운 일이다.

_〈조선왕조실록〉 정조 14년(1790) 8월 10일

정조 때 종로 거리 담배 가게에서 전기수가 짤막한 야사를 들려주고 있었는데, 이야기를 듣고 있던 한 사람이 이야기 속의 영웅이 어려움을 당하자 그 분을 이기지 못하여 전기수를 해하였다는 기록이다. 현실과 이야기를 구별하지 못하고 저지른 어처구니없는 살인이다. 이 정도면 백성들이 이야기에 중독되었다고도 할 수 있을 것이다. 오늘날에도 인터넷의 가상세계와 현실을 구별하지 못한 사람들이 저지르는 사건 사고가 보도되곤 하는데 이야기에 빠져든 조선의 풍속도도 그 한 면을 보이고 있다.

조선 사회에서 소설이 유행한 것은 중종 대에 지어진 〈설공찬전〉과 중국 소설 〈삼국지〉가 언문으로 번역되면서부터이다. 이후 17세기에는 최초의 한글 소설인 〈홍길동전〉을 시작으로 창작이 널리 확산되었고 18세기 들어서는 주제와 내용이 다양한 작품들이 많이 나오게 되었다.

이 같은 소설 문학의 성장에는 말할 것도 없이 한글의 등장이 큰 몫을 하였다. 쉽게 표현하고 쉽게 읽을 수 있는 문자의 등장으로 이야기를 향유할 수 있는 계층이 폭넓게 형성되었고 이는 다양한 언문 소설을 탄생시키는 힘이 되었다. 또한 이러한 과정을 거치면서 한글의 문자적 가치와 표현력도 크게 향상되었다.

언문 익명서 사건

부메랑이 된 언문 익명서

조선 성종 16년(1485)에 관리들의 부패와 부정을 고발하는 언문 투서 사건이 발생하였다. 그런데 이 사건은 고발당한 관리들이 처벌받는 대신 오히려 투서를 한 당사자를 잡기 위해 무려 150명이 넘는 백성들이 옥에 갇히거나 고초를 당하는 결과를 낳았다. 비록 여론의 진정한 기능은 발휘하지 못했지만 이 같은 언문 투서 사건을 통해 조선 사회에서 언문이 백성들의 언로를 열어 준 사회적 기능을 했다는 사실을 짐작할 수 있다.

백성들은 훈민정음 창제 이후 문자 생활이 가능해지자 자신들의 억울한 사정을 호소하는 투서를 감행하게 되었다. 언문 투서 사건이 조선 후반기로 가면서 점차 많아진 것은 순전히 문자의 편의성 때문이다. 언문 투서 중에는 더러 남을 무고하고 비방하는 익명서도 많아서 부정적 기능이 없지 않았지만, 언문이 백성들에게 언로를 열어 준 것은 틀림이 없다.

〈실록〉을 들여다보면 최초의 언문 익명서는 훈민정음이 만들어진 세종 대에 일어났다.

> 황희는 재상의 자리에 있기를 20여 년에 지론(持論)이 너그럽고 후한 데다가 분경(紛更)을 좋아하지 않고, 나라 사람의 여론을 잘 진정하니, 당시 사람들이 명재상이라 불렀다. 하연은 까다롭게 살피고 또 노쇠하여 행사에 착오가 많았으므로, 어떤 사람이 언문으로 벽에 쓰기를 '하 정승아, 또 공사를 망령되게 하지 말라.'고 하였다.
>
> _〈조선왕조실록〉 세종 31년(1449) 10월 5일

훈민정음이 반포된 지 3년 만에 언문으로 쓰인 익명서가 나붙었다. 당시의 관직 임명에 대해 평가한 위의 기록에서는 황희 정승을 명재상이라 하고 하연은 성격이 까다롭고 노쇠하여 공사를 그르치는 일이 많다고 하면서 언문 익명서의 내용을 언급하고 있다. 하연은 당시 70세 중반의 나이였으니 아마도 노령에서 오는 실수가 있었을 것이다. 이를 익명서를 통해 비난한 이가 어떤 계층의 사람인지는 알 수 없으나 이 사건을 통해 반포된 지 3년 만에 훈민정음이 정치적 담론을 형

성하는 문자로 등장했다는 사실을 짐작할 수 있다.

성종 16년에 일어난 언문 투서 사건도 그 내용으로 볼 때는 세종 때와 성격이 같다. 사건은 저잣거리 상인들이 시장 이전 계획에 반대하여 언문 투서를 하면서 시작되었는데, 성종 16년 7월 17일에 발생하여 9월 21일에 종결되었다. 사건의 성격으로 보면 역모를 꾀하거나 강상의 죄에 해당하는 내용이 아니므로 이를 두 달 이상 끌며 옥에 가두거나 처벌을 한 백성의 수가 150명이 넘도록 처리한 것은 매우 이례적이다.

저자 사람들은 시장 이전 계획이 상인들에게 편의를 주기 위한 목적이 아니라 시장의 영업권에 관련된 조정 관리들의 손익 계산에서 나온 것이라고 판단했다. 그리하여 시장 이전을 하게 되면 가장 손해를 보게 될 상인들을 중심으로 관리들의 비리를 고발하는 투서를 하기에 이른다. 언문 투서에는 관련 관리들에 대한 비난 내용이 조목조목 언급되었다.

> 호조판서 이덕량과 참판 김승경이 아뢰기를,
> "근일 사람들의 진언으로 인하여 신 등에게 한성부·평시서와 함께 의논하여 저자를 옮기도록 하라고 명하셨습니다. 이제 저자의 사람들이 신 등을 원망하며 길을 가로막고 불편함을 호소하고 있는데, 만약 명령이 내리면 반드시 분분하게 상언할 것입니다."
> 하니, 전교하기를,

"본래 백성을 편하게 하려고 하는 것인데, 무엇 때문에 불편하다고 말하는가? 상앙(商鞅)은 법을 세운 것이 각박하였으나, 명령이 내린 뒤에는 그 명령이 편리하다고 말하는 자가 있었다. 이제 저자를 옮기는 것은 백성들의 정원(情願)에 따른 것인데, 명령이 아직 내리지도 않고서 갑자기 불편을 말함은 어찌된 것인가? 경 등은 한성부·평시서 제조 및 내관 안중경과 함께 가서 그 말을 듣고 아뢰도록 하라."

하였다.

이덕량 등이 물러간 지 얼마 안 되어 다시 와서 언문 두 장을 가지고 들어와 아뢰었는데, 이는 곧 저자 사람이 판서와 참판을 비웃고 헐뜯는 말이었다. 그 대략에, 저자를 옮겨 배치하는 것은 공도에서 나온 것이 아니라 하고, 판서를 가리켜 제 자식을 위한 것이라 하고, 참판을 가리켜 뇌물을 받기 위한 것이라 하며, 신정(申瀞)을 끌어들여 탐장(貪贓)으로 법에 저촉되었다 하고, 윤필상은 재물을 증식하다가 홍문관의 논의를 초래하였다는 등 나쁜 말과 욕설에 찬 비방을 하지 않는 바가 없었다.

_〈조선왕조실록〉 성종 16년(1485) 7월 17일

언문 투서에 실명이 거론되었으니 이들에 대한 조사가 실시되어야 마땅했다. 조사를 통해 아무런 혐의가 없으면 이는 무고에 해당하는 것이지만 그렇지 않다면 상인들의 의견을 받아들여 해당 관리들에 대해 벌을 내려 일을 마쳐야 했다. 그런데 어찌된 일인지 〈실록〉에 따르

면 성종은 상인들의 언문 투서를 읽고도 윤필상과 이덕량의 혐의를
인정하지 않는다.

> 영의정 윤필상이 와서 아뢰기를,
> "신은 재능이 없는 몸으로 수상의 자리를 욕되게 하였습니다. 근
> 일에 이미 홍문관과 대간의 논박을 당하였고, 이어 또 시정 사람
> 들의 입에서도 논의가 비등하여 뭇사람의 말이 아울러 일어나고
> 있으니, 뜻밖의 근심이 있을까 두렵습니다. 빌건대 속히 신을 해
> 직하여 주소서."
> 하니, 전교하기를,
> "내가 경을 의심하지 않는데, 어찌하여 번거롭게 재삼 사피(辭避)
> 하는가? 여러 재상들이 다 이식(利息)을 늘림이 있는데, 경만 어찌
> 유독 혐의하는가? 홍문관의 소(疏)는 내가 믿지 않는 바이나, 한
> 사람의 입에서 나온 것이 아니어서 감히 죄를 다스리지 못할 뿐
> 이다. 시정의 무리는 무지함이 심한 자들이라서 사람으로 대우할
> 수 없는데, 경은 또 무엇을 혐의하는가?"
> 하였다.
>
> _〈조선왕조실록〉 성종 16년(1485) 7월 21일

영의정 윤필상이 비리 혐의로 대간들의 조사에 오른 것이 부끄러워
관직에서 물러나겠다고 아뢰자 성종은 재상들이 재산을 늘리는 일이
일반적인 것인데 유독 윤필상만 혐의를 받는 것이 잘못되었다고 하고

자신은 홍문관의 상소를 믿지 않는다며 윤필상을 두둔한다. 더구나 무지한 저자 사람들의 투서는 더욱 믿을 것이 못 된다며 윤필상의 거듭되는 면직 요청을 받아들이지 않고 있다. 윤필상이 언문 투서대로 탐욕스러운 관리였는지는 이 기록만으로는 자세히 알 수 없다. 그러나 이날의 기록 끝머리에 사관이 남긴 평가 한마디가 정황을 짐작하게 한다.

윤필상이 다시 울면서 청하였으나, 들어주지 아니하였다. 그 얼굴빛을 보면 비록 우는 상 같으나, 그 눈을 보면 눈물의 흔적이 없었다.

사실 이때의 언문 투서 사건은 백성들이 고발한 내용을 왕이 인정하지 않았으므로 무시된 채 조기에 무마될 만하였다. 그런데 결과는 그렇지 않았다.

"저자 사람들이 재상을 비방하고 헐뜯었다 하니, 윗사람을 업신여기는 풍조가 이와 같은데, 국가의 기강이 어디에 있단 말인가? 이것은 익명서의 예가 아니므로, 끝까지 힐문하면 죄인을 알아낼 수 있을 것이니, 그 수창자는 마땅히 통렬하게 징계하도록 하겠다. 백성들은 마음에 맞지 않으면 반드시 비방을 일으키는 것이니, 경 등은 이것을 가지고 의심하여 기가 꺾여서는 안 된다."
하였다. 이덕량 등이 아뢰기를,

"철물전과 면주전 사람이 저자 옮기는 것을 가장 싫어하니, 마땅히 먼저 이 두 전에 나와 장사하는 사람들을 국문하여야 합니다."

하니, 전교하기를,

"의금부로 하여금 속히 붙잡아서 다스리게 하라."

하였다. 이 일에 관련되어 갇힌 자가 79명이나 되었다.

_〈조선왕조실록〉 성종 16년(1485) 7월 17일

성종은 이 사건을 유교적 질서를 무너뜨리는 일로 보았다. 백성들이 자신들의 마음에 들지 않는다고 재상이나 상전을 비방하는 행위는 도리가 아니라고 지적했다. 이를 가만히 두면 비슷한 익명서 사건이 후에도 계속하여 일어날 것이므로 주동자를 잡아 엄중하게 다스리라고 명한다. 이에 따라 의금부에서는 주동자를 물색하기 위해 무작위로 상인들을 잡아들임으로써 150명이 넘는 백성들이 옥에 갇혀 고문을 당한다. 옥사마다 붙들려 온 백성들이 넘쳐 나서 다 수용할 수도 없는 지경에 이른다. 마침내 조정에서도 사건을 다루는 과정이 잘못되었음을 지적하는 상소가 올라온다.

사헌부 대사헌 이경동 등이 차자를 올려 아뢰기를,

"그윽이 생각하건대, 존비의 구분은 문란할 수 없는 것인데, 이제 시정의 무리가 공경을 꾸짖어 욕하였으니, 불경함이 막심하여 깊이 다스리지 않을 수 없습니다. 다만 생각하건대, 옥에 갇힌 자가 어찌 모두 참여하여 알았겠습니까? 죄를 범한 자는 뇌동(雷同)을 기뻐하여 많이 갇히는 것을 다행으로 여기며, 무고한 자는 결박되어 옥 속에 갇혀서 하늘을 부르고 땅을 치며 원통함을 품고서 펴지 못하고 있습니다. 또 그중에서 부유한 자는 그래도 괜찮지만, 가난한 자가 한번 뇌옥에 들어가면 끼니를 잇지 못하고 처자가 의지할 데 없는 데다가 아전과 군졸이 또 따라서 침학(侵虐)하니, 그 괴로움은 이루 말할 수 없는 것이 있습니다. 이제 성상의 유시를 듣건대, 모두 형추하는 것이 아니고 단지 철물전 앞의 일곱 사람만 추국할 뿐이라 하니, 여기에서도 성심의 용형을 신중히 하는 지극한 뜻을 보겠습니다. 그 일곱 사람은 반드시 추국할 만한 단서가 있는 까닭에 먼저 형신을 가하였던 것인데, 이로부터 공사의 미치는 바에 인하여 그때그때 묻는다면 그 정실을 알아내기에 족할 것이니, 그 나머지 여러 사람이야 어찌 반드시 예대로 가두어야 하겠습니까? 보방(保放)하여 추국하는 것이 정리와 법도에 맞을 듯합니다. 그리고 어제 아뢴바 자수하는 기한을 정하여 주는 등의 일도 반드시 죄인을 알아내고자 하는 계책이니, 아울러 의논해서 시행하소서."

하니, 어서(御書)로 이르기를,

"경 등의 말이 옳다. 내가 또한 깊이 생각해 보겠다."

하였다.

_〈조선왕조실록〉 성종 16년(1485) 7월 24일

마침내 옥사의 규모를 줄이고 사건을 빠르게 해결하기 위한 방법으로 잡혀 온 상인들 중에 언문을 아는 이들을 제외한 나머지 백성들은 석방하기에 이른다.

전교하기를,
"의금부에 갇힌 사람 가운데 언문을 해석할 수 있는 민시·나손·심계동·유종생 등 16인의 같은 당류를 제외하고 나머지 사람들을 모두 풀어서 보내 주도록 하라."
_〈조선왕조실록〉 성종 16년(1485) 9월 21일

언문으로 투서를 하였으니 범인은 언문 해독 능력이 있는 자라고 규정한 것이다. 이로써 언문을 해석할 수 있는 열여섯 명만 갇히고 나머지 백성들은 석방되면서 사건은 마무리되었다. 옥에 갇힌 150명이나 되는 백성 중에 언문을 해석할 줄 아는 사람 열여섯 명을 추려 냈다고 하는 기록으로 보면 아마도 언문을 아는 사람의 수는 그보다 더 많았을 것이다. 잡혀 온 백성들 중에 언문 해독 능력이 범인 색출과 관련된다는 정황을 알아차리고 문초를 당할 때 이를 철저하게 숨긴 이들이 있었을 것이기 때문이다.

언문을 가르치지도 배우지도 말라

언문 익명서로 정치적·사회적 파장이 가장 컸던 경우는 연산군 대에 일어났다. 연산군은 재위 10년(1504)에 갑자사화를 일으킨다. 생모인 윤씨의 비극적 죽음을 알게 된 후 이성적 판단력을 잃은 연산군은 아버지 성종의 후궁 엄숙의와 정숙의 두 사람을 죽이고 그 소생들도 사사한다. 또한 윤씨를 폐출할 당시 직간접적으로 관련했던 관리들 중 생존자는 죽이고 이미 죽은 이는 부관참시(剖棺斬屍)까지 한다. 이긍익(1736~1806)은 〈연려실기술〉에서 이때의 상황 일부를 다음과 같이 기록하고 있다.

> 윤씨가 폐위된 후에 임금은 항상 언문으로 그 죄를 써서 내시와
> 승지를 보내어 날마다 장막을 사이에 두고 읽어 그가 허물을 고치
> 고 중궁에 복위되기를 바랐으나 윤씨가 끝내 허물을 고치지 않으
> 므로 마침내 사약을 내려 죽게 하였다. 연산군이 왕위를 이어받자
> 그 당시의 승지들을 모두 죽였는데, 채수는 언문을 알지 못하므로
> 홀로 죽음을 면하였다.

연산군의 보복 대상에서 비껴간 대신들은 언제 자신의 목이 달아날지 몰라 두려움에 떨었고 백성들은 임금의 부덕을 한탄했다. 이처럼 도성 안팎이 모두 공포와 탄식으로 젖어 있을 때 언문 벽보가 나붙고 익명서가 나돌았다.

신수영이 밀계하기를,

"새벽에 제용감 정 이규의 심부름이라고 하는 사람이 신의 집에 투서하였기에 보니 곧 익명서였습니다." (중략)

그 글 석 장이 다 언문으로 쓰였으나 인명은 다 한자로 쓰였으며, 첫 표면에는 무명장(無名狀)이라 쓰였다. 그 내용은 첫째는,

"개금·덕금·고온지 등이 함께 모여서 술 마시는데, 개금이 말하기를 '옛 임금은 난시일지라도 이토록 사람을 죽이지는 않았는데 지금 우리 임금은 어떤 임금이기에 신하를 파리 머리를 끊듯이 죽이는가. 아아! 어느 때나 이를 분별할까?' 하고, 덕금이 말하기를 '그렇다면 반드시 오래가지 못하려니와, 무슨 의심이 있으랴.' 하여 말하는 것이 심하였으나 이루 다 기억할 수는 없다. 이런 계집을 일찍이 징계하여 바로잡지 않았으므로 가는 곳마다 말하는 것이다. 만약 이 글을 던져 버리는 자가 있으면, 내가 '개금을 감싸려 한다.'고 상언하리니, 반드시 화를 입으리라."

하였고, 둘째는,

"조방·개금·고온지·덕금 등 의녀가 개금의 집에 가서 말하기를 '옛 우리 임금은 의리에 어긋나는 일을 하지 않았는데, 지금 우리 임금은 여색에 구별하는 바가 없어, 이제 또한 여기·의녀·현수(絃首) 들을 모두 다 점열하여 후정에 들이려 하니, 우리 같은 것도 모두 들어가게 되지 않을까? 국가가 하는 짓 또한 그른데 어찌 신하의 그름을 바로잡을 수 있을까. 아아! 우리 임금이 이렇듯 크게 무도하다.' 하였으니, 발언한 계집을 크게 징계하여야

옳거늘, 어찌하여 국가가 있으되 이런 계집을 징계하지 않는가?

이런 계집을 능지하고서야 이런 욕을 다시 듣지 않으리라."

_〈조선왕조실록〉 연산 10년(1504) 7월 19일

이 언문 익명서는 특이한 형식을 취하고 있었다. 무명장이라 하여 자신의 이름을 밝히지 않은 글쓴이는 궁중의 의녀들이 주고받은 대화 내용을 전하는 형식을 취하면서 의녀들의 이름은 실명으로 밝혀 썼다. 이 익명서는 표면적으로는 궁녀들을 처벌해야 한다고 했지만 실제로는 연산군의 혹정과 비도덕성에 대한 비난이자 엄중한 경고였다.

언문 익명서를 보고받은 연산군의 행보가 어떠했으리라는 것은 짐작할 만하다.

전교하기를,

"어제 예궐(詣闕)하였던 정부·금부의 당상을 부르라. 또 앞으로는 언문을 가르치지도 말고 배우지도 말며, 이미 배운 자도 쓰지 못하게 하며, 모든 언문을 아는 자를 한성의 오부로 하여금 적발하여 고하게 하되, 알고도 고발하지 않는 자는 이웃 사람을 아울러 죄주라. 어제 죄인을 잡는 절목을 성 안에는 이미 통유하였거니와, 성 밖 및 외방에도 통유하라."

하였다.

이제부터는 언문을 가르치지도 말고 배우지도 말며 이미 배운 자도 쓰지 못하게 하며, 언문을 아는 사람은 모두 적발하여 고하라는 명을 내린다. 또한 성 안 사람들뿐 아니라 성 밖 사람들에게도 언문 금지령에 대한 조정의 방침을 모두 전달하도록 명한다. 역사적으로 한글 보급의 최대 시련기라고 부를 만하다.

언문 금지령에 대한 명령과 동시에 언문 익명서의 주동자를 찾아내기 위한 대대적인 추국이 진행된다. 연산군은 익명서의 내용을 다른 사람들이 알게 될까 봐 극히 꺼려했던 모양이다. 익명서에 언급된 의녀들을 추국할 때조차 그 익명서를 봉하여 사람들을 피해서 열어 보도록 하고 사관일지라도 익명서의 내용은 적지 말도록 명한다.

사건에 대한 조사는 또한 방리의 가구 수를 확인해 보고하고 바깥 출입 상황을 이웃들끼리 일일이 보고하도록 하는 감시 체제로까지 퍼져 간다. 이뿐만 아니라 의녀들을 추국하는 동시에 언문을 아는 사람들을 적발하여 필체 대조를 실시한다.

"의녀 개금·덕금·고온지 등을 추국할 때에 그 봉해서 내린 글을 사람을 피해서 열어 보고, 사관일지라도 베껴 쓰지 말라. 이 사람들에게 음부가 반드시 많을 것이며, 그중에 반드시 미워하고 사랑함이 있어서 미워하고 사랑하는 가운데에 서로 혐의로 틈을 일으켜서, 이런 일을 꾸며 만들었을 수도 있으니, 이런 뜻으로 상세히 묻되, 숨기는 자가 있거든 형신하고, 말에 관련된 자는 계달을 기다릴 것 없이 곧 잡아 와서 국문하라. 또 방리 사람의 가구 수를 각호로 하여금 써 올리되, 아무는 아무 날 아무 곳에 나갔고 아무는 집에 있어 출입이 없었다는 것을 쓰게 하라. 또 이웃 방리로 하여금 서로 고하되, 아무 집의 아무가 접때는 집에 있더니 이제는 나갔고 아무 집의 아무가 접때는 나갔더니 이제는 돌아왔다고 하게 하라. 또 언문을 아는 자를 적발하여 하나하나 쓰게 하여 봉해 내린 글과 비교하여 살피라."

_〈조선왕조실록〉 연산 10년(1504) 7월 20일

추국을 진행했지만 익명서의 주동자는 윤곽이 드러나지 않았다. 연산군의 언문에 대한 반감은 증폭되었다. 백성들이 상전을 비방하고 임금을 비난하는 글을 지을 수 있는 것은 언문을 익혔기 때문이라고 판단했다. 그리하여 익명서의 주동자를 찾아내는 추국을 진행하는 동시에 모든 언문 생활을 금지하도록 명한다. 언문을 쓰는 자도 벌을 내리고 언문을 알고 있는 자를 고하지 않은 자도 벌을 내리겠다고 으름장을 놓는다. 이에 더해 언문으로 구결을 단 책도 모두 불사르라고 한다. 다만 원전이 한문인 것을 언문으로 번역한 책만은 제외시켰다.

전교하기를,

"언문을 쓰는 자는 기훼제서율(棄毀制書律)로, 알고도 고하지 않는 자는 제서유위율(制書有違律)로 논단하고, 조사(朝士)의 집에 있는 언문으로 구결 단 책은 다 불사르되, 한어를 언문으로 번역한 따위는 금하지 말라."

하였다.

익명서의 주동자를 찾기 위해 언문을 아는 사람을 잡아다 필적 대조를 하는 일은 쉽지 않았다. 언문 글자체가 서로 비슷하여 가려내기가 어려웠다. 이에 익명서를 널리 보여서 누구의 필적인지 알아보고 고발하도록 하는 방법을 취했다. 익명서 주동자를 찾는 데 연산군이 얼마나 열을 올리고 있었는지는 〈실록〉의 기록에 여실히 드러난다.

정승들 및 의금부 당상에게 명하여 오부 중에서 언문을 아는 자를 모아 글씨를 시험하게 하였으나, 그 필적이 다 대략 같아서 가릴 수 없으매, 유순 등이 아뢰기를,

"이것으로 진위를 알아내기는 어려우니, 청컨대 익명서를 널리 보여서 필적을 알아보는 자에게 고발하게 하면, 만일 알아낼 수 있을지 모릅니다."

하니, 전교하기를,

"그리 하라."

하였다. 순 등이 상을 걸어 잡는 절목을 다시 의논하여 아뢰기를,

"현고(現告)함이 사실인 사람은 모두 전의 의논에 따라 상 주되, 천인에게는 전보다 상포를 갑절로 주고, 필적을 잘 알되 원수 짓기를 두려워하여 고하지 않는 자가 있으면 전례에 따라 알고도 고하지 않은 죄로 논죄하소서."

하였다.

_〈조선왕조실록〉 연산 10년(1504) 7월 23일

언문과 한자를 아는 자들의 필적을 모으게 하다.

_〈조선왕조실록〉 연산 10년(1504) 7월 25일

정승 및 금부 당상·승지 들이 당직청에 좌기하여 도중(都中)의 언
문을 아는 사람들을 모아서 언문을 베끼게 하여 익명서의 필적과
견주어 살피기를 여러 날 하였다.

_〈조선왕조실록〉 연산 10년(1504) 7월 27일

승지 박열 등이 오부 사람들이 쓴 언문을 입계하니, 전교하기를,
"성 밖 사람들도 또한 모두 찾아서 시사(試寫)하도록 하라."
하였다.

_〈조선왕조실록〉 연산 10년(1504) 8월 2일

언문을 아는 성 안팎의 백성들을 다 잡아들여 그 필적을 비교하고
자 하였다니 지금으로서는 상상하기 어려운 일이다. 그런데도 필체
대조를 일일이 해 보는 수작업 수사를 진행한 것을 보면 당시 언문 해
득 능력이 있는 백성이 아주 많지는 않았던 모양이다.

익명서 사건에 대한 수사는 넉 달이 지나도록 계속되면서 의심되는
자들을 다 잡아들이고 고문하였지만 끝내 주동자는 드러나지 않았

다. 마침내 연산군은 사건 수사를 중단하도록 명한다.

전교하기를,

"전일 익명서에서 지적한 말이 국가에 무슨 상관 있겠는가마는, 다만 그 뜻이 밉살스러우므로 끝까지 추궁하려는 것인데, 김세호와 같은 무리는 비록 오래도록 옥중에 가두었지만 아직까지 실정을 알아낼 도리가 없고, 곧 해가 바뀌게 되었으니, 어떻게 할 것인가? 지금은 그만두었다가 뒤에 나타나는 자가 있으면 엄중히 징계하는 것이 어떠한가? 삼공과 승정원·의금부에 문의하라."

하였다. (중략)

정승들이 아뢰기를,

"익명서 일은 신 등도 일찍이 마음이 분하여 반드시 잡기를 기하였고, 상격(賞格)이 이와 같이 중하니 잡을 수 있을 것으로 여겼는데 아직까지 잡지 못하고, 김세호는 이미 낙형을 하였으되 또한 형적이 없으니, 이런 유는 그만두고 다시 잡을 방법을 신명하신다면 다행이겠습니다."

하니, 전교하기를,

"의당 그만두어야 하겠으나, 연루된 사람들 중에 의녀 같은 유는 다시 더 한 차례 형을 가하라."

하였다.

_〈조선왕조실록〉 연산 10년(1504) 11월 12일

익명서의 주동자를 찾는 일은 어쩌면 처음부터 불가능한 일이었는지도 모른다. 연산군의 혹정에 대한 불만이 대신들과 백성들 사이에 쌓일 만큼 쌓인 상태에서 누군들 비난의 마음이 없었겠는가. 더구나 연산군 시기는 훈민정음이 반포된 지 이미 60여 년이 흐른 뒤라서 언문을 익힌 백성들이 늘고 또 그들 중에는 투서나 벽보 형식을 통해 정치적인 소신을 드러내는 이들도 있었다. 그 사이에서 익명서의 주동자를 색출하는 일은 무모한 것이랄 수밖에 없었다. 그런데도 〈실록〉에 보이는 장기간의 사건 전개는 오로지 연산군의 분노를 달래기 위한 과정이었다고 생각할 수 있다.

이에 더하여 연산군의 언문에 대한 반감과 박해 또한 매우 일시적인 조치였음을 알 수 있다. 연산군은 익명서 사건 수사를 중단하고 난 다음 해부터는 오히려 언문 생활을 장려하는 일들을 많이 벌인다. 비록 대부분의 일이 연산군 자신의 즐거움을 위한 것이었지만 한글 역사의 긴 흐름에서 보면 한글 발전에 순작용을 한 면도 없지 않다.

전교하기를,

"이번에 죽은 궁인의 제문은 언문으로 번역하여 의녀를 시켜 읽게 하라."

하였다.

_〈조선왕조실록〉 연산 11년(1505) 9월 15일

전교하기를,

"새로 지은 악장으로 경청곡·혁반곡·태화음을 여민락·보허자·낙양춘 등의 가사에 의하여, 아울러 진서와 언문으로 인쇄하되, 그 고저를 점찍어서 흥청·운평 등으로 하여금 각자 가지고 학습하여 음운의 고저를 분명히 하도록 힘쓰게 해야 한다."

_〈조선왕조실록〉 연산 11년(1505) 11월 18일

전교하기를,

"공·사천 또는 양녀를 막론하고 언문을 아는 여자를 각원에서 2사람씩 뽑아 들이라."

하였다.

_〈조선왕조실록〉 연산 12년(1506) 5월 29일

새로 뽑혀 온 흥청·운평 들이 어전에서 쓰는 말이 간혹 존칭을 모르는 수가 있으므로, 어전에서 쓰는 말을 언문으로 번역해서 각원에 인쇄하여 분포하였다.

_〈조선왕조실록〉 연산 12년(1506) 6월 1일

전교하기를,

"대비의 탄일 전문(箋文)을 언문으로 번역하라."

하였다.

_〈조선왕조실록〉 연산 12년(1506) 6월 24일

연산군은 채홍사를 시켜 전국에서 기녀들을 선발하도록 했다. 이때에 뽑힌 기녀들은 운평, 가흥청, 흥청 등으로 불렸다. 대궐로 뽑혀 온 흥청들에게는 궁중 생활을 익히게 하고 노래와 춤을 교육하였다. 이 때 기녀들을 가르친 언어는 거의 언문이었다. 백성들은 연산군이 흥청과 같은 기생을 끼고 노는 것을 한탄하여 이를 조롱하고 비판하는 의미로 '흥청망청(興淸亡淸)'이라는 말을 쓰기 시작했다. 흥청들과 놀면서 정사에 관심이 없는 연산군으로 말미암아 나라가 곧 망할 것이라는 뜻이었다.

연산군이 기녀들을 상대로 언문을 쓰게 한 의도는 무엇이었을까? 물론 언문이 쉽게 통할 수 있는 문자였던 이유도 있었겠지만, 당시의 정치적 상황과도 관련이 있다고 보아야 할 것이다. 자신의 이익을 위해서는 서슴없이 대의명분을 만들어 내는 위선적인 신하들과 그들의 문화에 연산군은 반감을 가졌을지도 모른다. 연산군의 언문에 대한 집착은 사대부와 그들로 대변되는 한문 문화에 대한 저항이 아니었을까.

언문을 어떻게 배웠을까

개화기 서양인의 저술에는 한글에 대한 기록이 곧잘 나타난다. 영국 출신의 작가이자 지리학자인 이사벨라 버드 비숍(Isabella Bird Bishop)은 〈한국과 그 이웃 나라들(Korea and Her Neighbours)〉(1897)에서 한강 유역의 하층민들이 한글을 읽을 수 있다는 사실에 놀랐다는 것과 북부지방을 여행했던 러시아군 장교가 마을마다 서당이 있고 읽고 쓰지 못하는 조선인을 만나는 일이 드물었다고 증언한 내용을 싣고 있다. 또한 캐나다 선교사 제임스 스카스 게일(James Scarth Gale)은 〈전환기의 조선(Korea in Transition)〉(1909)이라는 책에서 "전혀 교육을 받지 못한 사람도 한 달 남짓 공부하면 성경을 읽을 수 있다."고 했으며, "중국이나 인도에서는 천 명 가운데 한 명이 읽을 수 있는 데 비하여 조선에서의 읽기는 거의 보편적이다."고 말한 바 있다. 이러한 기록에 기댄다면 개화기 조선의 일반 백성들은 대부분 한글을 알고 있었다고 추측할 수 있다.

고종 19년(1882) 12월 6일자 〈실록〉을 보면 일본어 교습서를 언문으로 주석을 달아 출판하자는 내용이 나온다.

전 수봉관 이규가 올린 상소의 대략에,

"지금 일본과 수호하고 있으나 그 나라 말이 통하지 않아서 교제하고 통상할 적에 벙어리끼리 상대하는 것과 같음을 면치 못하고 있습니다. 그리하여 감히 일상용어 약간을 유별로 모아서 올립니다. 저들의 말을 잘 아는 사람을 시켜 구체적으로 수정하고 언문으로 주석을 달아 책을 만들어 시장에서 팔게 하면 사람들이 쉽게 배울 수 있고 교제할 때 말이 막혀 장애받는 현상을 면하게 될 것입니다."

하니, 비답하기를,

"진달한 바는 유념하겠다."

하였다.

일본과 수교를 하면서 일본어의 수요가 늘었다는 점과 이미 시중에 언문을 아는 사람들이 많았다는 점을 시사하는 내용이다. 그렇다면 조선 시대 백성들은 어떻게 언문을 배웠을까?

서당에서 배우다

〈실록〉에는 구체적으로 백성들에게 언문을 가르쳤다는 내용은 보이지 않는다. 다만 그 정황을 짐작할 수 있는 기록이 더러 있다. 앞서 언급한 〈한국과 그 이웃 나라들〉에서 러시아군 장교가 했다는 말에 주목해 보자. 이에 따르면 당시에 마을마다 서당이 있었고 여기서 한글을 배웠을 것이라는 추측이 가능하다.

> 경기 관찰사 이철견에게 하서하기를,
> "이제 들으니, 전 서부령 유인달이 광주(廣州)에 살면서 별도로 서당을 세워 교회(敎誨)를 게을리하지 않아 향중의 자제가 서로 모여 수업하여 생원·진사가 그 문하에서 많이 나왔다 하는데, 사실인가? 경은 그 허실을 친히 물어서 아뢰어라."
> 하였다.
>
> _〈조선왕조실록〉 성종 3년(1472) 2월 15일

위의 기록은 성종 때 경기 관찰사에게 특정인의 행적을 조사 보고토록 지시하는 내용으로 당시 서당의 역할을 엿볼 수 있게 한다. 서당은 입학 자격이나 정원이 매우 유동적이었으며 〈천자문〉, 〈동몽선습〉, 〈소학〉 등이 주된 교재였는데, 〈천자문〉은 언문으로 음과 훈을 달아 사용했고 〈동몽선습〉, 〈소학〉 등도 언문으로 번역하여 사용하였다는 점에서 서당은 언문 교육과 보급의 중요한 창구였다고 할 수 있다.

최세진의 〈훈몽자회〉(1527) 서문에도 당시의 정황을 엿볼 수 있는 대목이 있다.

변두리나 시골에 사는 사람들 중에는 반드시 언문을 이해하지 못하는 사람이 많을 것이다. 그렇기 때문에 지금 언문 자모를 함께 기록하여 그들로 하여금 언문을 먼저 익히게 하고 다음에 〈훈몽자회〉를 익히면 깨닫고 가르치는 유익함이 있을 것이다. 문자를 통하지 못하는 사람도 언문을 먼저 배우고 문자를 안다면 비록 스승으로부터 교수받은 것이 없다 할지라도 또한 앞으로 문자를 이해할 수 있는 사람이 될 것이다.

〈천자문〉 등의 한자 학습서를 보충하기 위해 알기 쉬운 일상용어로 다시 편집한 교과서가 바로 〈훈몽자회〉이다. 여기서도 한자의 음과 뜻을 모두 언문으로 달아서 한자를 언문을 통해 학습하는 방법을 취하고 있다. 이를 위해 서당에서는 아이들에게 언문을 먼저 가르쳤다고 하니 비록 한자 학습을 위한 것이었지만 서당에서 언문을 체계적으로 가르치고 배웠다는 점은 조선 시대 언문 보급에서 주목할 만한 일이다.

조선 후기에는 서당의 수가 대폭 증가했다. 각 고을마다 최소 30여 곳이 넘는 서당이 있었다고 하니 교육을 받는 백성의 수가 꽤 많았음을 짐작할 수 있다. 조선 후기에 평민이나 천민이 작성한 토지 매매 문서가 많았다는 점도 이와 깊은 관련이 있어 보인다. 그러다가

19세기에 오면 서당의 수는 더욱 증가한다. 서당이 증가하자 교재인 〈천자문〉의 수요도 급증하여, 민간의 업자가 출판하는 방각본이 대량으로 보급되기도 했다. 1918년 조선총독부 조사에 따르면 서당은 21,619개소이고 학생은 252,595명 정도였다고 하니(藤本幸夫, 2006), 당시 언문의 교육과 보급에서 서당이 차지하고 있는 역할이 얼마나 컸는지를 짐작할 수 있다.

외할머니에게 배우다

사대부가에서는 외할머니가 언문을 가르쳤다는 기록도 있다. 17세기 초 작성된 양반 가문의 언문 편지에 그 내용이 보인다. 다음은 경상도 현풍에 살았던 곽주라는 사대부가 1612~1614년에 쓴 언문 편지다.

(1) ᄌᆞ식ᄃᆞᆫ 여러히 갓ᄉᆞ오니 우연히 요란히 너기웁시거냐 ᄒᆞ웁노이다. (중략) 아으 ᄌᆞ식 둘란 게 갓ᄉᆞᆫ는 제 언문 ᄀᆞᄅ쳐 보내웁쇼셔. 슈고롭ᄉᆞ오신 언문 ᄀᆞᄅ치웁쇼셔. (자식들이 여럿 갔으니 얼마나 요란히 여기실까 하고 염려하옵니다. 아우의 자식도 둘이 거기에 가 있을 때에 언문을 가르쳐 보내시옵소서. 수고로우시겠으나 언문을 가르치옵소서. 〈곽씨 언간 2〉)

(2) 뎌근둣도 닛디 몯ᄒᆞ여 ᄒᆞ뇌. 쟈근 아기 언문 쾌히 비화 내게 유무 수이 ᄒᆞ라 ᄒᆞ소. (잠시도 잊지 못하여 하네. 작은 아기는 언문을 쾌히 배워서

내게 유무를 빨리 하라 하소. 〈곽씨 언간 36〉)

(3) 가온대 아기 언문 쾌히 비홧다가 내게 뵈라 ᄒᆞ소. 셋재 아기
도 이제ᄂᆞᆫ 쾌히 셩ᄒᆞ여 이실 거시니 언문 외와싯다가 뵈라 니ᄅᆞ소.
(가운데 아기 언문을 쾌히 배웠다가 내게 보이라 하소. 셋째 아기도 이제는 쾌히 온

전하여 있을 것이니 언문을 외워 있다가 보이라 이르소. 〈곽씨 언간 39〉)

_백두현, 〈현풍곽씨언간주해〉

　(1)은 곽주가 장모에게 보낸 언문 편지고, (2)와 (3)은 곽주가 부인
하씨에게 보낸 언문 편지다. 이를 통해, 당시 사대부 가문의 사람들이
남녀노소를 가릴 것 없이 모두 언문을 알고 있었으며, 사대부가의 부
녀자들이 집안에서 어린아이에게 언문을 가르쳤다는 사실을 살펴볼
수 있다.

언문 자모와 반절표

　그렇다면 서당이나 사가에서 언문 자모를 어떻게 배웠을까? 우리
가 주목하고자 하는 것은 반절(反切)표이다. 우리말의 초성과 중성을
합하여 '가갸거겨고교구규' 등의 소리로 나타내고 이를 통째로 외우
는 방식이다.
　반절은 원래 중국의 한자음을 표시하는 방식이었다. 예를 들면, '東
(동. /tuŋ/)'이란 한자의 음을 표시하기 위하여 성모 '德(덕. /t/)'과 운모

반절표

'紅(홍. /uŋ/)'을 이용하는 식이다(東 德紅反/東 德紅切). 그러므로 언문 학습을 위해 만든 반절표는 훈민정음의 자음과 모음을 결합하여 하나의 음절을 나타내 글자를 익히도록 하는 방법이었던 셈이다.

반절 방식이 언제부터 사용되었는지는 정확히 알 수 없으나 〈훈몽자회〉에 이미 '반절'이라는 용어가 등장한다는 점이 주목할 만하다. 〈훈몽자회〉의 범례에 '언문자모속소위반절(諺文字母俗所謂反切)'이라 하여 언문을 '반절'이라고 부르기도 했는데, 이것은 이미 당시에 반절 방식이 존재했음을 말해 주는 것이다. 반절표는 적어도 16세기 초기부터 20세기 중엽까지 사용되었던 것으로 보인다.

반절표를 보면서 입으로 읊조리다가 자연스럽게 노래가 만들어지기도 했다. 노래 형식이 학습 효과를 더 높일 수 있었기 때문이리라. 경기 잡가 중에 〈언문뒤풀이〉는 다음과 같이 불린다.

> 가나다라마바사아자차 잊었구나
> 기역 니은 디귿 리을 기역자로 집을 짓고 지긋지긋이 살쟀더니
> 가갸 거겨 가이없는 이내 몸이
> 거지없이 되었구나
> 고교 구규 고생하던 우리 낭군
> 구간하기가 짝이 없구나
> (중략)
> 타탸 터텨 타도타도 원타도에
> 누구를 바라고 나 여기 왔나
> 토툐 투튜 토지지신 감동하사
> 임 생기게 하여 주오

노래를 부르면서 한글을 깨우치는 모습이 영화 〈사운드 오브 뮤직 (sound of music)〉에 나오는 〈도레미송〉을 연상케 한다. 도, 레, 미 등의 음계를 그와 비슷한 소리가 나는 단어와 연결하여 노래로 익히는 방식이 언문 노래를 통해 글을 익히는 방식과 유사하다. 반절표가 단순히 초성과 중성의 결합을 보이는 데 비해서 언문 노래는 해당 음절로 시작하는 노랫말이 이어지고 있다. 한글의 음절 결합 방식을 학습하면서 생동감 있는 해당 용례를 접할 수 있어서 자연스런 어휘 습득과 문

장 활용으로 이어진다.

　이처럼 조선 시대 백성들은 서당이라는 교육기관을 통하거나, 집안 어른들에게 배우거나, 아니면 놀이나 노래를 통해 자연스럽게 언문을 깨우치곤 했다. 이는 한글이 그만큼 쉽고 빠르게 배울 수 있는 체계적인 문자임을 말해 주는 것이라 하겠다.

5장

언문, 국문이 되다

백성들이 읽을 수 있도록
언문으로 번역하라

 언문은 나라와 백성을 연결해 주는 중요한 소통의 도구였다. 지배 계층인 양반들은 한문을 배워 사용했지만, 일반 백성들은 어려운 한문 대신 배우기 쉬운 언문으로 의사소통을 했다. 세종이 훈민정음을 창제한 이유 중 하나는 백성들이 이를 통해 유교 정신을 더욱 쉽게 함양하여 풍속이 안정되기를 바랐기 때문이다. 1428년 진주에서 김화가 아버지를 살해하는 끔찍한 사건이 벌어지자 〈삼강행실도〉를 만들어 배포하고 더 나아가 훈민정음을 창제한 후 〈삼강행실도언해〉를 제작하게 한 일은 세종이 그 뜻을 편 대표적인 예라 하겠다.

이후에도 조정에서는 백성들의 생활과 밀접한 관련이 있는 사회적 문제가 발생하면, 모든 백성들이 바로 읽고 이해할 수 있도록 언문으

로 문서를 번역하여 방방곡곡에 방을 붙이곤 했다. 도박을 금하거나 도적을 잡거나 아이를 납치한 납치범을 잡는 일 등 백성들의 삶에 직접적으로 영향을 주는 사건에 대해 언문을 사용했는데, 대표적인 예로 고종 20년(1883)에 도박을 금지하라는 왕의 명령을 언문으로 번역하여 전국에 방을 붙인 경우를 꼽을 수 있다.

"근래에 도적들이 횡행하는 것은 대부분 일정한 직업이 없는 부랑배들이 잡기에 빠져서 그런 것입니다. 잡기의 금지를 엄하게 살펴서 조금도 해이하지 않았다면 어떻게 강도질을 이처럼 거리낌 없이 할 수 있었겠습니까? 지금 완전히 없애는 방도는 잡기를 철저히 금지하는 것보다 먼저 할 것이 없습니다. (중략) 그리고 법사나 포도청에 소속된 하인들로서 스스로 접주가 되어 도적과 결탁하여 도박을 한 자도 한가지로 대단히 나쁜 습속이니 발각되는 대로 마땅히 형률을 더 가한다는 내용을 경조(京兆)로 하여금 언문으로 베껴서 방곡에 내붙이게 하며, 또한 이 내용을 팔도와 사도에 관문으로 신칙하는 것이 어떻겠습니까?"
하니, 윤허하였다.

_〈조선왕조실록〉 고종 20년(1883) 10월 27일

고종 25년(1888)에는 아이를 납치한 범인을 잡기 위해 현상금을 걸고, 그 내용을 한문과 언문으로 써서 전국 방방곡곡에 붙이기도 했다.

"요즘 민간에서 아이를 잃어버리는 일 때문에 여리(閭里)에서 놀라고 소란스러운데, 이보다 심각한 일은 없다. 이미 여러 번 신칙하는 하교가 있었는데 아직도 근인(根因)의 진범이 적발되어 붙잡히지 않아 점점 동요하고 있으니 어찌 한심하지 않겠는가? (중략) 이와 같이 음흉하고 사특한 무리들은 확실히 염탐하여 체포해야 할 대상에 속하니 또한 같은 원칙에서 형벌과 상을 시행하도록 하라. 곧 형조, 한성부 양사와 좌우 포도청으로 하여금 한문과 언문으로 베껴서 상세히 현록(懸錄)하여 방곡에 내걸도록 분부하라."

_〈조선왕조실록〉 고종 25년(1888) 5월 10일

백성들이 알 수 있어야 한다

이러한 전통은 성종 시대에서도 찾아볼 수 있다. 1472년, 성종이 즉위하고 3년째에 이르자, 신하들은 어린 왕에게 몸소 절약과 검소한 생활에 힘써야 백성들이 이를 본받을 것이고, 그래야만 백성들을 유교 사상으로 빨리 교화시킬 수 있다고 상언한다. 또한 이 같은 뜻을 백성들에게 널리 알릴 수 있도록 전국에 전지를 내릴 것을 건의한다.

"예로부터 제왕이 백성을 보전하고 교화를 일으키는 데에 뜻을 두는 것은 몸소 절검을 행하는 것으로써 선무(先務)를 삼지 아니함이 없었습니다. (중략) 성상께서는 그러함을 밝게 아시고 앞장 서서 절검을 힘쓰시어, 몸소 행하고 이를 이끄시며, 또 엄히 과 조를 세워 이를 금제토록 하시고, 또 특히 근본에 힘쓰고 쓰기를 절도 있게 하라는 전지를 순순히 고유하시니, 국가의 만세를 위한 심려가 지극합니다. 청컨대 전교서(典校署)로 하여금 전지를 사인(寫印)토록 하여 한성부와 모든 도의 여러 고을에 이를 반포해서 관문과 방시·촌락·여항에 걸어 두도록 하여 위로는 크고 작은 조신으로부터 아래로는 궁벽한 곳에 사는 작은 백성들에 이르기까지 성상께서 백성을 인도하는 지극한 뜻을 알지 아니함이 없게 하여, 각각 깨닫고 살피는 마음을 품어서 스스로 곤궁한 짓을 남기지 말게 할 것입니다."

_〈조선왕조실록〉 성종 3년(1472) 9월 7일

의정부에서 이렇게 성종에게 청을 올리자 성종은 바로 전지의 내용을 언문으로 번역하고 나라 전체에 반포하여 부인과 어린아이들까지 두루 알게끔 하라고 명했다. 세종이 훈민정음을 만들고 백성들과의 소통 수단으로 삼은 이후, 한문으로 된 왕의 교지를 언문으로도 번역하여 전국에 방을 붙이게 하는 전통이 자리 잡은 것이다.

정조 때에는 왕이 죄수를 방면하면서 훈계하는 말을 언문으로 번역하여 주기도 했다. 정조 6년(1782), 왕은 황해도 관찰사 황승원에게 비밀히 유시하기를 해주목에 가두어 놓고 추고한 죄인 안필복과 안치복 등을 방면하라 하였다. 이들은 당시 사회적 문제가 되었던 예언 서적 〈정감록(鄭鑑錄)〉을 집에 가지고 있다가 체포되었는데, 이들에게 유교 사상에 교화되도록 훈계를 하고 방면하도록 명한 것이다.

> "내가 매우 두려워하는 것은 예언의 서적에 있지 않고 다만 교화
> 가 시행되지 않고 풍속이 안정되지 않아 갖가지 이상한 일이 본
> 도에서 발생할까 염려하는 데에 있는 것이다. 안필복과 안치복
> 에게 이 전교로 일깨운 다음에 갇혀 있는 그의 가족도 모두 방면
> 하라. (중략) 여름에 내린 유시를 경이 과연 일일이 선포하였는가?
> 그들도 충성하고 싶은 양심을 갖추고 있으므로 이것을 들으면
> 반드시 완고히 잘못을 고치지 않는 사람이 없을 것이다. 이것은
> 비밀히 유시한 글 한 통과 문인방을 법에 따라 결안(結案)한 것을
> 한문과 언문으로 베껴 써서 방면한 죄수들에게 주도록 하라. 그
> 리고 또한 직접 수령들에게 주의시켜 반드시 조정의 뜻을 선포하
> 여 유신(維新)의 효과를 다하기에 힘쓰도록 하라."
>
> _〈조선왕조실록〉 정조 6년(1782) 12월 10일

19세기 초 서양의 가톨릭이 백성들 사이에 널리 퍼지자 조정에서는 이를 배척하려는 움직임이 활발해진다. 〈척사윤음(斥邪綸音)〉은 바로 이 시기에 등장한다. 헌종 5년(1839), 왕은 전국의 백성에게 사악한 서양의 종교에 현혹되지 말 것을 당부하면서 조선의 유교 철학과 도학을 숭상한 일과 역대의 모범적인 말 등을 담아 한 권의 책을 만들었다. 이것이 바로 〈척사윤음〉이다. 이 책에는 언문 주석도 함께 수록하였

는데 이는 백성들을 의식한 조치였다.

서학은 이미 18세기 후반부터 조선 사회에 자리를 잡고 있었다.

정언 이경명이 상소하기를,
"오늘날 세속에는 이른바 서학(西學)이란 것이 진실로 하나의 큰
변괴입니다. 근년에 성상의 전교에 분명히 게시하였고 처분이 엄
정하셨으나, 시일이 조금 오래되자 그 단서가 점점 성하여 서울
에서부터 먼 시골에 이르기까지 돌려가며 서로 속이고 유혹하여
어리석은 농부와 무지한 촌부까지도 그 책을 언문으로 베껴 신
명처럼 받들면서 죽는다 해도 후회하지 않으니, 이렇게 계속된다
면 요망한 학설로 인한 종당의 화가 어느 지경에 이를지 모르겠
습니다."

_〈조선왕조실록〉 정조 12년(1788) 8월 2일

이런 까닭에 〈척사윤음〉과 같은 책을 언문 주석까지 달아 민간에
배포한 것이다.

유교 경전의 번역

백성들에게 유교 사상을 널리 알리고자 유교 서적을 언문으로 번
역하여 간행하게 한 예도 많다. 대표적으로 유교의 기본 서적인 〈소

학〉을 언문으로 번역한 〈소학언해〉를 들 수 있다.

"바라옵건대 여러 책 가운데에서 일용(日用)에 가장 절실한 것, 이를테면 〈소학〉이라든가 〈열녀전(列女傳)〉·〈여계(女誡)〉·〈여측(女則)〉과 같은 것을 언자로 번역하여 인반(印頒)하게 하소서. 그리하여 위로는 궁액으로부터 조정 경사의 집에 미치고 아래로는 여염의 소민들에 이르기까지 모르는 사람 없이 다 강습하게 해서, 일국의 집들이 모두 바르게 되게 하소서. (중략)"
하니, 정원에 전교하기를,

"홍문관에서 아뢴 뜻이 지당하다. 해조로 하여금 마련하여 시행하게 하라."
하였다.

_〈조선왕조실록〉 중종 12년(1517) 6월 27일

현재 전해 오는 〈소학언해〉는 선조 19년(1586)에 간행한 것으로, 내용을 잠시 살펴보면 다음과 같다.

孟子曰 人之有道也 飽食煖衣逸居而無敎 則近於禽獸
孟밍子ᄌᆞㅣ ᄀᆞᄅᆞ샤ᄃᆡ 사ᄅᆞᆷ이 道도ㅣ 이시매 먹기를 ᄇᆡ브르 ᄒᆞ며 오슬 덥게 ᄒᆞ야 편안히 잇고 ᄀᆞᄅᆞ치미 업스면 곧 즘승에 갓가오릴ᄉᆡ
(맹자께서 말씀하시되, 사람이 도리가 있는데, 먹기를 배불리 하고 옷을 덥게 하여 편안히 지내면서 가르침이 없으면 짐승에 가까울 것이므로 〈소학언해〉 1:9)

헌종 때 노광두라는 사람이 임금에게 상소한 내용을 보면 〈소학〉
과 이를 번역한 〈소학언해〉가 조선 백성들의 교화에 얼마나 중요한
역할을 했는지를 잘 알 수 있다.

"요·순을 배우는 길은 오직 한 편의 〈소학〉에 있는데, 〈소학〉에
는 세 가지 강령이 있으니, 입교(立敎)와 명륜(明倫), 경신(敬身)입니
다. (중략) 우리 조정의 열성(列聖)께서도 계승해 오면서 〈소학〉으
로 교화의 선무를 삼아 훈의를 마련하여 선비를 가르쳐 양성하
였고, 언해를 만들어서 가정과 나라에서 깨우쳤으며, 심지어 선
비를 시험하고 인재를 뽑는 데에도 반드시 〈소학〉을 먼저 하여
대비(大比)에 강을 설시하였고, 상서(庠序)에서도 제술(製述)로 해액
(解額)의 길을 터 주기도 하여 아무리 우부(愚夫)·우부(愚婦)라 하
더라도 모두 〈소학〉의 행방만을 알게 되었습니다."

_〈조선왕조실록〉 헌종 2년(1836) 2월 3일

교화를 위해 언문으로 번역한 책은 〈소학〉만이 아니었다. 영조 10
년(1734)에는 〈여사서(女四書)〉를 언문으로 해석하여 교서관으로 하여금
간행하여 올리게 했다.

"당판(唐板)인 〈여사서〉는 〈내훈(內訓)〉과 다름이 없다. 옛날 성왕
의 정치는 반드시 가문을 바로잡는 일로써 근본으로 삼았으니,
규문(閨門)의 법은 곧 왕화(王化)의 근원이 된다. 이 서적을 만약

간행하여 반포한다면 반드시 규범에 도움이 있을 것이나, 다만
언문으로 해석한 후에야 쉽게 이해할 수가 있을 것이다."

_〈조선왕조실록〉 영조 10년(1734) 12월 20일

또한 정조 21년(1797)에는 〈삼강행실〉과 〈이륜행실〉에서 좋은 대목
을 골라 언문으로 번역하여 〈오륜행실(五倫行實)〉을 간행하기도 했다.

세종 때에 집현전의 제신에게 명하여 고금의 전기를 수집 열람하
여 효자·충신·열녀로서 행실이 특출한 자 1백여 인을 뽑은 뒤 앞
에 그림을 그리고 뒤에 사실을 기록하게 하고 이를 간인해서 중외
에 반포하여 풍교(風敎)를 돕게 하였으니, 오늘날 전하는 〈삼강행

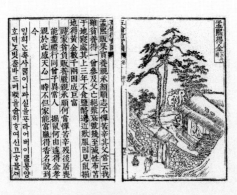

〈오륜행실도〉 본문

실〉이 이것이다. 중종 때에 김안국이 다시 (중략) 〈삼강행실〉의 미비
한 점을 보완하였으니, 오늘날 전하는 〈이륜행실〉이 이것이다. 상이
(중략) 심상규 등에게 명하여 〈삼강행실〉과 〈이륜행실〉 두 서적을 가
져다가 합하여 바로잡고 증정(證訂)하고 언해하여 이름하기를 〈오
륜행실〉이라 하였다.

_〈조선왕조실록〉 정조 21년(1797) 7월 20일

물론 언문을 교화를 위해서만 활용한 것은 아니다. 일반 백성들의
건강을 위해서도 언문이 동원되었다. 정조 10년(1786)에 온 나라에 전
염병이 돌자 경상도와 충청도에서 전염병을 치료할 수 있는 민간의서
〈진역방(疹疫方)〉이 임금에게 올라왔다. 정조는 지체 없이 서민 의료 기
관인 혜민서와 활인서[이 둘을 양의사(兩醫司)라 불렀다]에 명하여 이 책을 검
토하라고 지시했고, 혜민서에서 다음과 같은 답을 보내왔다.

"충청도의 의방(醫方)은 그 총론이 사용에 융통성이 있는 법이 아
니므로 서울과 지방에 반포한다는 것은 가볍게 논할 수 없습니
다. 그리고 경상도 의원이 논한 것은, 그 증세를 논하고 약을 쓰
는 것이 전적으로 고방(古方)인 〈두과휘편(痘科彙編)〉과 〈마진치법
(麻疹治法)〉을 위주로 하여 가감한 것인데, 허실을 분별하고 시종
을 지적하였으며, 잡증에 있어서는 상당히 자상하였습니다. 비록
신기한 처방은 아니지만 족히 통행할 수 있는 활용하는 법이 되
겠습니다. 서울에는 이것을 중복하여 반포할 것이 없고 여러 도

의 치성한 곳에 지금 반포하면 유익하면 하였지 해는 없을 것입
니다. 즉시 양의사로 하여금 한문과 언문을 섞어 번역하여 팔도
에 내려 보내소서."

_〈조선왕조실록〉 정조 10년(1786) 5월 28일

비록 민간에서 만든 의료 서적이지만 유용하게 쓸 수 있을 것이니
이를 한문과 언문으로 번역하여 전국에 내려 보내라는 청이었다. 전
염병을 치료할 수 있는 전문 의약품이 없던 시절, 일반 백성들은 언문
으로 된 〈진역방〉을 통해 병과 싸울 수 있었다.

비밀문서는 언문으로 쓰라

암호 해독은 탐험 영화에 단골로 나오는 소재이다. 영화 〈인디아나 존스〉에서는 고문서에 담긴 암호를 풀어서 사건 해결의 실마리를 찾아 간다. 영화만이 아니라 실제 상황에서도 암호 해독이 일의 흐름에 결정적인 영향을 미치기도 한다. 1917년에 벌어진 '코드 0075' 해독 사건이 바로 그 예이다. 1차 세계대전이 한창일 무렵 독일의 외무장관은 미국 주재 독일 대사를 통해 멕시코에 암호를 보낸다. 만약 멕시코가 미국과의 전쟁을 선포한다면 미국에게 빼앗겼던 멕시코의 옛 영토를 돌려주겠다는 내용이었다. 이 암호는 영국의 첩보대가 해독을 했고 바로 미국의 윌슨 대통령에게 전달됐다. 한 달 뒤 미국은 1차 대전 참전을 선언했고 독일은 궁지에 몰리게 되었으니, 암호 해독이 세계 전쟁의 판세를 결정지은 것이다.

흥미롭게도 우리의 문자 한글은 조선 시대에 암호처럼 사용되기도 했다. 임진왜란 때에는 일본군이 모르도록 언문으로 된 문서를 사용했고, 중국에서 현지 사람들에게 언문을 가르쳐 주었다가 나랏일을 누설했다고 처벌을 당한 역관도 있었으니, 한글이 비밀을 유지하는 데 톡톡히 역할을 했음을 알 수 있다.

암호가 된 언문

임진왜란이 한창이던 1592년 9월, 함경도로 피난 갔던 두 왕자 임해군과 순화군이 적장에게 잡혀 포로가 되었다. 선조는 이 소식을 듣고 왕자들을 구출할 궁리를 짜내고 있었다. 〈실록〉에는 그 상황을 다음과 같이 기술하고 있다.

> "안변에서의 비밀문서가(문서는 왕자와 김귀영·황정욱·황혁 등의 언서이다. 그 글은 금·은과 호피·표피를 가지고 왕자의 탈출을 꾀하고자 한다는 것이었다-원문 주) 여기에 왔는데, 금·은과 호피·표피 등의 물건을 왜통사(倭通事)를 시켜 들여보내 준다면 탈출을 기도할 수 있다고 하였으니, 비변사에 이르라."
>
> _〈조선왕조실록〉 선조 25년(1592) 10월 2일

왕자들의 구출 작전이 여의치 않자 선조는 일본어 역관을 통해 뇌

물을 주고 왕자들을 구해 내려는 계획을 세우기도 했다. 여기서 포로가 된 왕자와 신하들이 몰래 편지를 써서 탈출을 요청하는데, 이 편지가 바로 언문으로 된 것이었다. 왕자와 신하들은 왜 한문 편지가 아닌 언문 편지를 썼을까? 그것은 혹 발견되더라도 왜군들이 알아보지 못할 것이라는 판단에서가 아니었을까? 그렇다면 언문은 전쟁터에서 훌륭한 암호 노릇을 했다고 볼 수 있다. 이러한 가정은 다음 내용에서 더욱 힘을 얻는다.

"또 한 가지 계책이 있으니 창세의 고목(告目)에 대해서 답하지 않을 수 없는데 그 답사 안에 또한 이간의 뜻을 함께 싣는 것이 좋을 듯합니다. 그렇다면 마땅히 '심유격이 아직까지 오지 않은 것은 황조(皇朝)가 가등청정의 말을 가지고 일본의 거짓됨을 헤아려 내어 이미 봉작과 조공의 청을 거절했다.'고 하거나, 혹은 '중국 사신이 올 것이나 모두 아직 결정되지 않았고, 또 청정의 진중 사람이 유 총병의 영중에 계속 왕래하여 비밀히 의논하였고, 총병 또한 밀서로 답하였다. 지금 네 편지를 보고 청정과 중국이 밀약하여 거사하려고 하는 상황을 비로소 분명히 알았다. (중략) 그리고 중원의 주사가 거제 등지에서 수로를 살피니 오래지 않아 큰 거사가 있을 것이다. 목병위가 이미 귀순하려는 뜻이 있으면 일찍 결정해야지 지연해서는 안 될 듯하다. 이 일이 다른 왜인의 귀에 전파될까 우려되기 때문에 언서로 답하는 것이다. (중략)'고 하는 것입니다."

이 대목은 경상감사의 장계를 읽고 비변사에서 왜적을 이간시킬 계책을 임금에게 아뢰는 부분이다. 경상감사의 장계에는 동래교생 송창세가 적중을 염탐한 내용이 담겨 있었다. 비변사에서는 그 장계에 대해 답신을 보낼 때 적들을 이간시킬 만한 이야기를 담아 보내자고 주장했다. 왜장 가등청정이 중국과 담합하여 왜군에게 총칼을 겨눈다거나 모일 모시에 큰 공격이 있을 것이라는 등의 내용이다. 그런데 여기에는 왜인들이 알지 못하도록 언문으로 편지를 써 보낸다는 대목도 들어 있다. 이것은 이간의 내용이 거짓이 아니라 진짜처럼 보이게 하기 위한 것이었다. 왜적들이 이 편지를 봤을 때 한문이 아닌 언문으로 되어 있으면 그 내용이 자신들을 속이려는 함정이 아니라 진짜 비밀 내용이라고 여길 것이기 때문이었다. 따라서 임진왜란 당시 언문이 암호와 같은 비밀 문자의 역할을 하고 있었음을 충분히 짐작할 수 있다.

병서를 언문으로 번역하여 보관하소서

그런가 하면 언문은 병서의 비밀을 유지하는 데 긴요하게 사용되기도 했다. 성종 13년(1482)에 양성지는 서적을 간행하고 중요한 책과 병서 등을 철저히 보관하도록 열두 가지 절목으로 상소를 올렸다. 예를 들면 홍문관에 있는 〈자경편(自警編)〉 5책은 중국의 임금 및 신하들의 아름다운 말과 착한 행실이 담겨 있는 것이니 이를 인쇄하여 특별히 한번 열람하여 달라든가, 〈동국여지승람〉은 산천의 연혁과 풍속의 좋고 나쁨과 인재의 훌륭하고 훌륭하지 못한 것을 알게 하는 중요한 책이니 인쇄하여 반포하도록 하게 해 달라는 등의 건의였다. 그 가운데 다음의 병서에 대해서는 특별히 언문으로 써서 사고에 보관할 것을 상소하였다.

> "신이 그윽이 생각하건대 〈총통등록(銃筒謄錄)〉은 병가의 비장이 되는 서적으로서 (중략) 그런데 이제 춘추관에 한 건이 있고 문무루에 21건이 있는데, 만일 간사한 사람이 훔쳐 가서 이(利)를 삼는다면 백성들이 입는 피해를 어찌 다 말하겠습니까? 신이 원하건대 지금 이후부터 성상께서 보는 한 건 외에는 모두 언문으로 서사하여 내외 사고(史庫)에 각기 한 건씩 보관하게 하며, 해당하는 신하로 하여금 굳게 봉하도록 하고, 군기시에 한 건을 두어서 제조로 하여금 굳게 봉하도록 하고, 그 나머지 한자로 서사된 것은 모두 불태워 버려서 만세를 위하는 계책으로 삼게 하소서."
>
> _〈조선왕조실록〉 성종 13년(1482) 2월 13일

병서를 언문으로 베껴 써 보관하고 한자로 된 것은 불태워 없애 버리자는 것은 우리나라 사람들만 아는 글자를 활용하여 병서의 비밀이 외국으로 유출되지 않도록 하자는 것이었다.

언문을 유출한 죄

"군기시 판관 주양우는 지난날 북경에 갔을 때 중국 사람과 교통하여 언문을 가르쳤으니 잘못됨이 매우 심합니다. 평상시의 역관들이 국법을 두려워하지 않고 우리나라에서 숨기는 일을 전달하지 않는 것이 없습니다. 비록 적발하여 죄를 다스리지는 아니하였으나 물정이 미워하고 있는데, 주양우는 문관으로서 오히려 삼가 단속하지 아니하고 하는 짓이 이와 같으니, 급급히 승직하여야 할 사람이 아닙니다. 그리고 미천한 사람으로 승문원 교리를 겸함은 더욱 온당치 못하니, 아울러 개정하소서."

_〈조선왕조실록〉 중종 38년(1543) 6월 22일

사헌부에서 주양우의 승진이 부당하니 철회해 달라고 왕에게 건의하고 나섰다. 주양우는 누구인가? 그는 처음부터 역관으로 등용된 것은 아니었다. 중국어 통역의 필요성이 대두되자 문과에 급제한 이들 가운데 몇 사람에게 통역을 담당하도록 했는데 주양우도 그중 하나였다.

"주양우에 대해서는 나도 본계(本系)가 미천한 것을 모르는 바는 아니나 질정관에 제수한 것은 한어를 알기 때문이었다. 때문에 정승이 경연에서 '양우에게 한어를 더욱 정통하게 익히게 하려면 반드시 중국에 보내어 중국인과 이야기하게 해야 한다. 그런 뒤에야 타일 천사(天使)가 왔을 때 어전에서 통역을 할 수 있다.' 하였다. 현재 어전에서 통역할 만한 자가 없으니, 불가불 보내어 익히게 해야 한다."

_〈조선왕조실록〉 중종 30년(1535) 3월 3일

조정에서는 중국의 눈치를 보면서까지 주양우를 중국에 여러 차례 계속해서 보내려 했다. 중국어를 더 완벽하게 익힐 수 있도록 하기 위해서였다.

"한어를 배우는 자가 아무리 능숙하다 하여도 중국에 들어가 중국 사람과 대화할 적에는 틀리고 빗나가 서로 통하지 못하므로 모름지기 자주 들어가 전심해서 익히고 질정을 받아야 거의 통할 수 있습니다. 그런데 지금 어전에서 통역을 맡을 만한 자가 극히 드물어 중국 사신이 왔을 때 피차가 서로 뜻을 통할 수 없으니 진실로 작은 일이 아닙니다. 주양우는 본시 유업(儒業)을 익혔을 뿐 아니라 지금 국가에서 위촉하는 뜻을 받들어서 자못 마음을 기울여 노력하고 있습니다. 그러나 여러 차례 중국에 들어가야 완성할 가망이 있는데, 그가 돌아온 지 얼마 안 되어 다시 보낸 것을 혹 예부에서 본다면 연속해서 보낸다는 혐의가 있을 듯하다는 상의 분부가 지당하십니다. 다만 질정을 받는 일은 사명을 전담한 소임에 비할 바가 아니니, 중국 사람이 혹 물을 경우에 이문(吏文)과 화어(華語)에 대해 질정을 받기 위해 왔노라고

사실대로 대답한다면 무엇이 사체에 방해되겠습니까. 만약 두세
번 간격을 떼어 보내면 그 학습이 늦어져 빠른 성취를 바라기 어
려울 것입니다."

_〈조선왕조실록〉 중종 31년(1536) 2월 25일

그런데 주양우는 오히려 중국 사람에게 언문을 가르치는 등 나라
에서 금하는 행동을 계속하고 말았다. 마침내 중종 34년(1539) 사건이
벌어졌다.

"요동에 이르러 혼자 방에 있는데 어떤 유생이 들어와서 언자로
자기 이름은 주사이고 자는 상지라고 썼습니다. 신이, 이것이 무
슨 글인가고 물으니, 달자(獺子)의 글이라고 하였습니다. 신이 다
시, 누구한테 배웠느냐고 물었더니 '그대 나라의 주양우가 가르
쳐 주었다.'고 하였습니다. 서장관 백인형의 처소로 가서도 역시
써 보였다 합니다."

_〈조선왕조실록〉 중종 34년(1539) 11월 19일

주양우는 중국에서 그곳 사람들에게 언문을 가르쳐 주었고, 다른
사신이 그 사실을 직접 목격하고 왕에게 알린 것이다. 결국 주양우는
사헌부와 사간원의 탄핵을 받는다.

헌부가 아뢰기를,

"우리나라 사람으로 중국을 왕래하는 사람들이 나랏일을 누설하는 경우가 전에도 없지 않았습니다. 만일 금하지 않는다면 뒤폐단을 예측하기 어려울 것입니다. 전적(典籍) 주양우가 중국 사람에게 언자를 가르친 것은 관계되는 바가 중대하니 추국하여 엄중히 논죄하소서."

하고, 간원은 아뢰기를,

"모든 우리나라의 일은 작은 것이라도 다른 나라에 전하면 안 되는 것인데, 전적 주양우는 우리나라의 언자를 중국 사람에게 전하여 가르쳤으니, 관계되는 바가 가볍지 않습니다. 추국하여 치죄하시어 다음 사람들을 징계하소서."

_〈조선왕조실록〉 중종 34년(1539) 11월 22일

왕은 이 요청을 받아들여 주양우를 추문하라고 명한다. 중국 사람에게 언문을 가르쳐 준 일이 국가 기밀 누설죄에 해당했던 것이다. 앞서 성종 대에 병서를 언문으로 써서 비밀을 유지하고자 했던 일이나 임진왜란 때에 언문이 암호 역할을 했던 사실 등으로 미루어 볼 때 조선에서는 언문을 비밀 유지의 수단으로도 사용했으며 따라서 이를 외국에 알리는 행위는 절대 금지하고 있었을 것으로 보인다. 그러므로 주양우가 추문을 당한 것은 당연한 결과였다.

4년 후 사헌부에서는 '군기시 판관 주양우'에 대한 인사가 부당함을 상소한다. 군기시라면 조선 시대에 병기의 제조 등을 관장하는 관청이었고, 판관은 종오품의 벼슬아치였다. 즉 주양우는 병기를 다루

는 종오품 관리인데 언문을 중국 사람에게 가르쳐 주었던 전적까지 있었으니, 그런 사람을 외교 문서를 작성하고 검토하는 승문원 관리를 겸하게 할 수 있었겠는가. 사헌부에서 주양우의 승직에 제동을 건 이유가 바로 여기에 있었다.

이후 30여 년이 지난 1576년(선조 9년)에도 이와 비슷한 일이 있었으니, 통역관 임기가 언문으로 번역된 〈소학〉을 중국에 가지고 갔다가 이를 중국 사신에게 보여 줬다는 고언이 왕에게 올라갔다.

> "임기가 통사로 원접사를 따라갔을 적에 언문으로 번역된 〈소학〉을 가지고 갔었는데 이는 중국 사신의 질문에 대답할 적에 단지 참고해 보기 위한 것이었습니다. 그런데도 임기는 이 언문을 중국 사신에게 보여 죄 없는 사람을 죄에 얽어 넣었습니다."
>
> _〈조선왕조실록〉 선조 9년(1576) 8월 4일

선조는 "전해진 말을 사실이라고 기필할 수는 없다."며 이를 받아넘기지만, 중국 사신에게 언문 서적을 보여 준 일이 부당하다며 임금에게 고한다는 것 자체가 언문의 유출을 꺼렸던 당시의 정황을 말해 주는 것이라 하겠다.

이러한 장면은 18세기 자료에서도 엿볼 수 있다. 다음의 기록에는 중국 황제의 즉위식에 참석했다 돌아온 축하 사절단이 등장한다. 이때 사절단의 일행이었던 이형원이 발 빠른 일 처리로 왕의 칭찬을 받는다.

상이 형원에게 이르기를,

"조칙을 인편에 부친다는 기별을 선래(先來)가 오기 전에 들을 수
있었으니, 경이 모든 일에 두루 통민함은 원래부터 익히 아는 바
이지만, 이번 일은 크게 광채를 냈다고 이를 만하다."
하였는데, 앞서 형원이 북경의 관소에서 칙서를 인편에 부친다는
소식을 언서로 의주 부윤 심진현에게 알려서 조정에 전달하게 하였
기 때문이다.

_〈조선왕조실록〉 정조 20년(1796) 3월 6일

선래는 외국에 갔던 사신 가운데 제일 먼저 돌아오는 사람을 일컫
는데, 이형원이 선래에 앞서 미리 보낸 소식 덕분에 정조는 중국 사정
을 더 빠르게 전해 들을 수 있었고, 이 때문에 이형원이 왕의 치하를
받았던 것이다. 그런데 이때도 언문 편지가 중요한 역할을 했다. 이형
원이 중국 소식을 알려 올 때 언문 편지를 사용했기 때문이다. 사절로
간 이형원은 중국 측에서 칙서를 인편으로 보낸다는 정보를 언문 편
지로 써서 의주 부윤 심진현에게 보내 조정에 알리도록 했다. 이형원
이 굳이 언문으로 내용을 작성한 것은 비밀리에 소식을 전달하고자
했기 때문이었을 것이다. 혹시라도 중국 측에 편지가 발각되어 시끄
러워질 것을 염려해 한문이 아닌 언문으로 편지를 쓴 것이다. 이 대목
에서도 언문이 인접 나라에는 비밀을 유지할 수 있는 암호 역할도 했
다는 점을 알 수 있다.

국문의 탄생

19세기 말 개화기에 언문은 일대 변혁을 겪
는다. 1894년 갑오개혁 때 언문이 나라를 대표하는 공식 문자로 거듭
나게 된 것이다. 이는 대변혁이었다.

그동안 언문은 일반에 널리 쓰여 왔으나 공식적으로 인정을 받지
는 못했으며, 심지어는 금지되기도 했다. 순조 때에는 사역원의 시험
에서 언해로 취재하는 것을 금했다는 기록이 있고, 고종 2년(1865)에
간행된 〈대전회통〉에도 사채에 대한 서류를 꾸밀 때 언문으로 쓴 것
은 무효라는 대목이 있으니, 19세기 후반까지도 언문의 지위가 어떠
했는지를 가히 짐작할 수 있다.

그런데 그렇게 천시하던 언문이 당당히 국문이 되었으니, 대변혁이
아닐 수 없었다. 오백 년 조선 역사상 처음으로 공식 문서에 국문을

쓰게 되었고, 그동안 방언, 언어(諺語), 속어(俗語)로 불리던 명칭도 '국어(國語)'가 되었다.

국문의 반포

고종 31년(1894) 6월 28일의 〈실록〉에는 다음과 같은 기록이 보인다.

편집국에서는 국문 철자, 외국문 번역과 교과서 편집 등의 일을 맡아본다.(編輯局, 掌國文綴字 各國文繙繹及敎科書編輯等事)

여기서 우리의 관심을 끄는 것은 '국문(國文)'이라는 표현이다. 며칠 뒤인 7월 8일에는 외국어를 표기할 때 국문으로 번역하여 표기하도록 하는 조치가 내려진다.

일체 국내외 공적인 문서와 사적인 문서에 외국의 국명, 지명, 인명이 구라파 글로 쓰여 있으면 모두 국문으로 번역해서 시행한다.

이때 국문은 기존의 언문을 말하는 것인데, 공적인 문서는 물론이고 사적인 문서에서도 외국어는 모두 국문으로 번역하여 사용할 것을 명령한 것이다.

같은 해 11월 21일 고종은 법률과 칙령의 제정과 공포에 대한 공문식(公文式)을 새로 만들어 발표했는데, 의정부에서 초안을 만들어 회의를 거쳐 올리면 임금이 공포하는 것을 골자로 했다. 이때 제14조에는 다음과 같은 항목이 들어가 있었다.

제14조, 법률·칙령은 모두 국문을 기본으로 하고 한문으로 번역을 붙이거나 혹은 국한문을 혼용한다.

모든 법률과 칙령에 국문을 쓰는 것을 원칙으로 하되, 상황에 따라 한문으로 번역을 붙이거나 국한문을 함께 쓰도록 한다는 말이다. 오늘날 한글 전용을 주장하는 측과 국한문 혼용을 주장하는 측이 있는데, 이 문제의 시발은 바로 이 조항에서부터였다고 볼 수 있다. 이 공식문의 취지는 앞으로 나라의 문서에서 국문을 기본으로 삼자는 것이니, 언문은 이제 명실상부한 나라 글로 자리매김하게 되었다.

고종을 비롯한 개화기 선각자들의 한결같은 목표는 중국으로부터의 독립이었다. 중국에 대한 사대에서 벗어나 조선의 자주와 독립을 획득하고자 했다. 이러한 분위기 속에서 한문 대신에 우리 고유의 글이 국문이 되고, 지식인들이 우리말과 우리글에 관심을 기울인 것은 어찌 보면 자연스러운 일이었다.

언문이 나라 글이 되었지만 곧바로 국문 세상이 된 것은 아니다. 여전히 한문은 널리 쓰였고, 쉬운 국문을 업신여기는 경우도 많았다. 1897년에 지어진 최초의 순국문 책 리봉운의 〈국문정리〉 서문에서 당시의 이러한 사회적 분위기를 엿볼 수 있다.

나라 위하기는 여항의 선비나 조정의 공경이나 충심은 한가지기로 진정을 말하느니 대저 각국 사람은 본국 글을 숭상하여 학교를 설립하고 학습하여 국정과 민사를 못할 일이 없시하여 국부민강하것만 조선 사람은 남의 나라 글만 숭상하고 본국 글은 아주 이치를 알지 못하니 절통한지라.

세종조께옵서 언문을 만드셨것만은 자고로 국문 학교와 선생이 없어 이치와 규범을 가르치며 배우지 못하고 입만 놀려 가갸거겨 하여 음만 입에 올려 안다 하되, 음도 분명히 모르니 한심한지라. 금자에 문명 진보하려 하는 때요, 또 태서 각국 사람과 일, 청 사람들이 조선에 오면 우선 선생을 구하여 국문을 배우기로, 반절 이치를 물으면 대답지 못한 즉, 각국 사람들이 말하되, "너희 나라말이 장단이 있으니 언문에도 그 구별이 있어야 옳을 것인데, 글과 말이 같지 못하니 가히 우습도다" 하고 멸시하니 그러한 수치가 어디 있으리오.

리봉운은 이 글에서 여전히 한문을 숭상하는 분위기가 우세한 현실을 비판하면서, 하루빨리 국문을 가르칠 학교를 세우고 교사를 양성하여 한글을 가르쳐야 한다고 역설한다. 그래야만 우리나라가 부강한 나라가 될 수 있다는 것이니, 개화기 지식인들이 우리 글자에 새롭게 눈을 뜨기 시작한 이유를 알 수 있다.

표기법을 통일하자

1894년의 갑오개혁으로 국문이 공식화되고 공사문서에 쓰이게 되자, 제일 시급한 문제가 표기법의 통일이었다. 갑오개혁의 핵심 과제 중 하나는 근대식 교육 제도를 시작하는 것이었다. 교육을 제대로 받아야 국민이 깨어나고 그래야만 근대 국가의 기틀을 마련할 수 있다고 믿었기 때문이다. 따라서 1895년 4월 제일 먼저 세워진 것이 바로 교원 양성을 위한 한성사범학교였고, 뒤이어 외국어 학교와 소학교가 설립된다. 그러자 학교에서 사용할 교과서의 편찬 문제가 시급했고, 교과서를 만들려니 표기법 통일이 절실했던 것이다.

그러나 갑오개혁은 그야말로 개혁이어서 모든 것이 급작스럽게 등장했고, 국문의 처지도 이와 비슷했다. 국문을 체계적으로 정리하고 철자법을 통일시킬 만한 시간적 여유가 없었다. 따라서 당시의 표기법은 혼란스러울 수밖에 없었는데, 1906년 주시경이 지은 〈대한국어문법〉에는 당시 표기법의 혼란이 얼마나 심각했는지가 잘 드러나 있다.

당시 용례	현재 표기
씨서도, 씻서도	씻어도
씨스면, 씻스면	씻으면
미더도, 밋더도, 밋어도	믿어도
미드면, 밋드면, 밋으면	믿으면
마타도, 맛하도, 맛타도	맡아도

마트면, 맛흐면, 맛트면	맡으면
더퍼도, 덥허도, 덥퍼도	덮어도
더프면, 덥흐면, 덥프면	덮으면

이에 따르면 소리는 같아도 각각 표기 형태가 달라 어느 것을 표준으로 삼아야 할지를 모르는 상황이었다. 물론 당시에도 표기법이 없었던 것은 아니다. 오래 전부터 내려오던 '8종성가족용(八終聲可足用)', 즉 받침은 여덟 자(ㄱ, ㅇ, ㄷ, ㄴ, ㅂ, ㅁ, ㅅ, ㄹ)로만 표시한다는 원칙이 있었다. 그러나 발음이 비슷했기 때문에 '더퍼도, 덥허도, 덥퍼도'처럼 다양한 변이 형태가 등장했고, 그러다 보니 하나의 표준을 정하기가 어려웠다.

주시경은 이러한 표기 혼란을 막기 위해 형태 위주의 새로운 국문 표기법이 필요하다고 여겼다. 1896년에 창간된 최초의 순 국문 신문인 〈독립신문〉은 주시경의 표기법을 알리는 데 결정적인 역할을 했다. 다음은 〈독립신문〉 창간호의 사설 가운데 일부분이다.

우리 신문이 한문은 아니쓰고 다만 국문으로만 쓰는거슨 상하귀천이 다보게 홈이라 또 국문을 이러케 귀졀을 쪠여 쓴즉 아모라도 이신문 보기가 쉽고 신문속에 잇는말을 자셰이 알어 보게 홈이라 각국에셔는 사름들이 남녀 무론ㅎ고 본국 국문을 몬저 비화 능통ㅎ 후에야 외국 글을 비오는 법인디 죠션셔는 죠션 국문은 아니 비오드러도 한문만 공부 ㅎ는 싸둙에 국문을 잘 아는 사름이 드물미라 (중략)

또 국문을 알아보기가 어려운 건 다름이 아니라 첫지는 말마디을 쎄이지 아니흐고 그져 줄줄늬려 쓰는 까둙에 글즈가 우회 부터는지 아러 부터는지 몰나서 몃번 일거본 후에야 글즈가 어디 부터는지 비로소 알고 일그니 국문으로 쓴 편지 흔장을 보자흐면 한문으로 쓴 것보다 더듸 보고 또 그나마 국문을 자조 아니 쓴는고로 셔툴어서 잘못 봄이라

이 사설에서는 국문이 왜 중요한지, 띄어쓰기를 왜 해야 하는지 등을 말하고 있는데 표기법은 주시경의 형태주의 표기법(원래 형태를 밝혀 적는 표기법)을 따르고 있다. 당시 주시경이 〈독립신문〉의 교정원이었고, 신문사 안에 국문동식회(國文同式會)라는 한글 연구 모임을 조직하여 한글을 연구하였다는 점을 고려해 볼 때 주시경의 문자관이 〈독립신문〉에 그대로 반영된 이유를 짐작할 수 있다.

이밖에도 통일된 철자법을 마련하려는 움직임이 여기저기서 거세게 일어났다. 다음은 국문론을 주제로 한 신문 사설들인데, 당시에 국문과 표기법에 대한 관심이 얼마나 컸는지를 엿보게 한다.

1896 지석영, '국문론'. 〈대한독립협회회보〉 1호

1897 주상호, '국문론'. 〈독립신문〉 47·48호

1897 신해영, '한문자와 국문자의 손익 여하'. 〈대한독립협회회보〉 15·16호

1898 주상호, '국문론'. 〈독립신문〉 114·115호

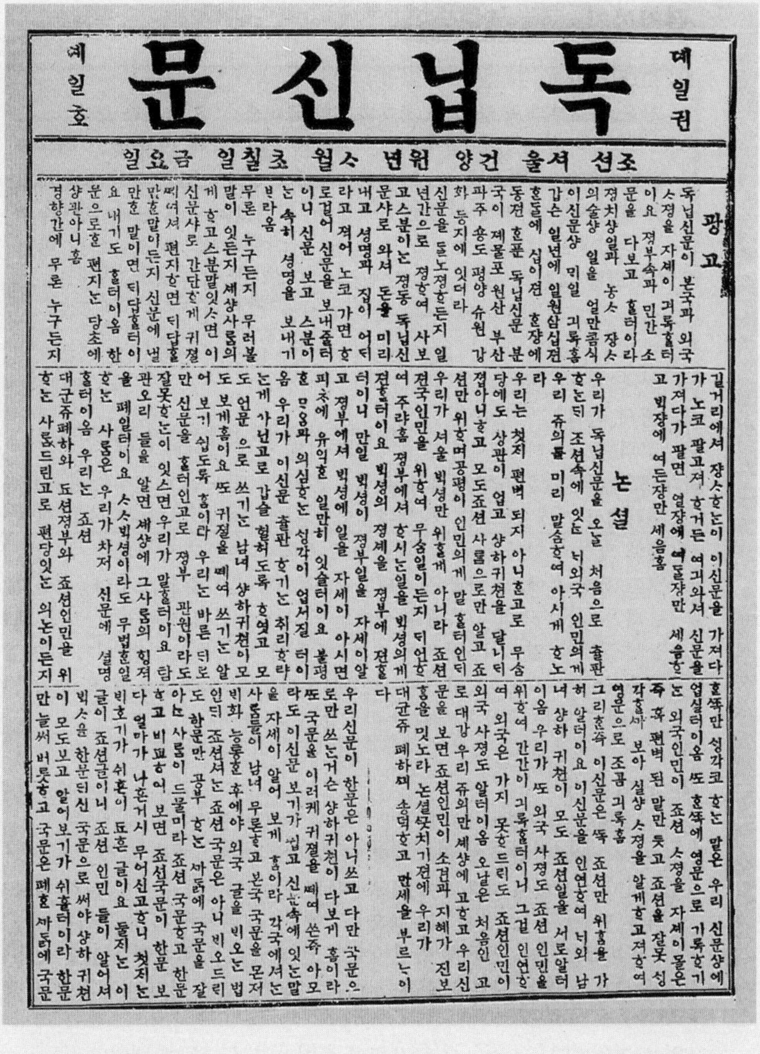

독 닙 신 문

뎨일권 · 뎨일호

조선 셔울 건양 원년 �🔲월 초칠일 금요일

논 셜

광 고

〈독립신문〉 창간호

지석영의 〈신정국문〉

이러한 철자법 통일의 움직임을 최초로 정리한 사람은 바로 지석영이었다. 그는 '신정국문(新訂國文)'이라는 통일안을 만들어 1905년 고종에게 상소문 형식으로 제출하였다.

"우리나라의 글로 말하면 아! 우리 세종대왕이 나라의 말에 문자가 없는 것을 걱정하여 신기한 상형 절음을 개발하여 백성들에게 준 것입니다. 그 원칙이 간결하고 활용이 무궁하여 무릇 언어로 형용하기 어려운 것과 속뜻이 통하지 않는 것도 이 말에 다 담을 수 있으며 배우기가 매우 쉬워서 설사 아녀자나 지극히 어리석은 사람이라 할지라도 며칠만 공을 들이면 다 성취할 수 있습니다. 실로 나라의 보배로운 문자이며 가르치는 기본 수단입니다. 삼가 보건대 임금이 지은 정음 28자는 초, 중, 종 3성을 병합하여 글자를 만들고 또 높낮이의 정식이 있어서 추호도 변경시킬 수 없는 것입니다. 그러나 오랜 세월이 흘러가면서 교육이 해이되어

참된 이치를 잃은 것이 있고 또 학문을 하는 사람들이 연구할 생각은 하지 않고 전적으로 거친 민간에 내맡겨 두었는가 하면 어린이를 가르치는 데는 다만 글을 만든 후의 음만을 가지고 혼탁시켜 놓았기 때문에 읽어 가는 과정에 점점 잘못 전해지게 하였습니다. 이로 말미암아 현재 쓰는 언문 14행 154자 중에 중첩음이 36자이고 잃은 음이 또한 36자입니다.

또 정해진 높낮이법을 전혀 잘못 전하였기 때문에 하늘에서 내리는 눈과 사람의 눈이 서로 뜻이 뒤섞이고 동쪽이라는 동(東) 자와 움직인다는 동(動) 자가 서로 음이 같아져 대체로 말이나 사물현상을 기록하는 데 막히는 점이 많으므로 신이 늘 한스럽게 여겼습니다. 지금 세계의 각국은 모두 자기의 문자를 가지고 자기나라에 통용하는데 대체로 자기가 주인이라는 뜻이 그 사이에 존재하기 때문에 다른 나라의 각종 문학들을 모두 자기의 문자로 번역 출판하여 본국의 백성들을 가르치고 있습니다. 그러므로 오주(五洲)의 모든 백성들이 누구나 글을 알고 시국을 통달하며 날이 갈수록 문명에로 전진하고 있습니다. 유독 우리나라만이 통상 후 몇 십 년이 지났으나 어물어물 전진하지 못하고 있습니다. 그것은 해득하기도 어려운 한문에 인이 박혀 쉽게 이해되는 국문을 숭상하지 않기 때문입니다. 바라건대, 폐하는 교육을 담당한 신하에게 명하여 우선 서로 마음을 정하여 국문을 정리하는 동시에 편리한 방도를 취하여 백성들로 하여금 이해하도록 하고 경전 안에서 몇 편의 성인들의 가르침을 번역해서 어리석은 백성들에게 줌으로써 먼저 마음과 뜻을 인정하게 하고, 그 다음 최근 실무상 새로운 학문 가운데서 가장 중요한 것을 번역하여 민간에 널리 반포한다면 몇 년이 안 되어 사람마다 모두 충성하고 나라를 운영하는 데서 지켜야 할 것들을 알게 되어 점차 부강하게 될 것이며 글을 배우게 하는 단서로 될 수 있을 것입니다."

_〈조선왕조실록〉 고종 42년(1905) 7월 8일

세종대왕이 만든 훌륭한 우리 문자가 있음에도 한문을 숭상하는 폐단이 아직도 남아 있으며, 국문이 체계적으로 정리가 되지 않아 여러 가지 혼탁한 언어생활이 이루어지고 있다는 지적이다. 또한 세계 여러 나라들은 자국의 문자로 문명국이 되었는데 우리만이 아직도 국문을 홀대하여 부강한 나라가 되지 못하고 있다는 말도 덧붙이고 있다. 민중이 깨어나야만 진정한 문명 강국이 될 수 있는데, 손쉬운 국문을 놓아두고 어려운 한문을 아직도 붙잡고 있으니 통탄할 노릇이라는 말이다. 하루빨리 국문을 교육하고 이를 통해 민중을 깨우쳐 선진국이 되어야 한다는 개화기 지식인의 심정을 엿볼 수 있다.

상소를 본 고종은 "참으로 백성을 교육하는 요점이다. 상소 내용을 학부에 명하여 자세히 의논하여 시행하게 하겠다."고 답했고 그리하여 〈신정국문〉이 세상에 나오게 되었다. 이는 최초의 한글맞춤법통일안이라고 할 수 있다. 모두 여섯 개 항목으로 되어 있으며, 철자법과 관련한 내용으로는 '받침으로 여덟 개의 자음만을 쓰자는 종래의 표음주의를 채택한다, 아래아(·)를 없애고 된소리는 겹자음(ㄲ, ㄸ, ㅃ, ㅆ,

ㅉ)으로 표기한다.' 등이 있다.

그러나 갑작스럽게 새로운 표기법이 발표되자 논란이 더욱 거세졌다. 특히 아래아 대신에 새로운 글자 '='을 쓰자는 의견에 반대하는 사람이 많았다. 결국 이 최초의 통일안이 시행되지 못한 채 논란만 확산되자 정부에서는 '국문연구소'를 만들어 본격적으로 표기법 정비 작업을 하도록 지시한다. 위원장에는 학부 학무국장 윤치오가 임명되고 주시경과 지석영도 위원으로 참여하여, 1907년 9월부터 1909년 12월까지 총 스물세 차례의 회의를 열었다. 그리고 마침내 1909년 12월 최종 보고서를 학부대신에게 제출하는데, '국문연구의정안'이 바로 그것이다.

이 의정안은 결국 세상의 빛을 보지 못했다. 곧이어 한일 강제 병합이 이루어졌기 때문이다. 그러나 의정안의 내용은 매우 훌륭한 것이었다. 문자 체계와 표기법 면에서 볼 때 오늘날의 맞춤법 원리가 바로 이 의정안에 기초하고 있다. 따라서 이 '국문연구의정안'이야말로 현대 맞춤법통일안의 뿌리며 원조라 할 수 있다.

참고 문헌

강신항, 「연산군 언문 금압에(諺文禁壓) 대한 삽의(揷疑)—국어학사상(國語學史上)에 미친
　　　영향의 유무를(有無) 중심으로」, 『진단학보』(진단학회) 24, 1963

강신항, 『훈민정음 연구』, 성균관대 출판부, 1987

고동환, 「조선후기 도시경제의 성장과 지식세계의 확대」, 『실학의 재조명』, 한림대 한림
　　　과학원 한국학연구소 제3회 학술심포지엄, 2006

국문연구소, 『국문연구안』, 『역대한국문법대계』 3-9에 재록, 탑출판사, 1907

규장각한국학연구원, 『조선 국왕의 일생』, 글항아리, 2009

김문식 외, 『조선의 왕세자 교육』, 김영사, 2004

김민수, 『신국어학사(전정판)』, 일조각, 1985

김슬옹, 『조선시대 언문의 제도적 사용 연구』, 한국문화사, 2005

김완진, 「훈민정음 창제에 관한 연구」, 『한국문화』 5, 1984

김정수, 『한글의 역사와 미래』, 열화당, 1990

김종성, 「중국의 문자개혁 및 언어정책 관규」, 『사회언어학』 6-2, 1998

김호동, 「여말선초(麗末鮮初) 향교교육의 강화와 그 경제적 기반의 확보과정」, 『대구사학』
　　　61, 2000

리봉운, 『국문졍리』, 『역대한국문법대계』 3-2에 재록, 탑출판사, 1897

미야지마 히로시(宮嶋博史), 노영구 옮김, 『양반』, 도서출판 강, 1996

박영준 외, 『우리말의 수수께끼』, 김영사, 2002

박영준 외, 『영어 공용화 국가의 말과 삶』, 한국문화사, 2004

박창원, 「문자의 수용과 변용 그리고 창제」, 『인문학논총』 2, 2000

배희임, 「훈민정음과 가림토문에 관한 소고」, 『배재논총』 3, 1999

백두현, 「조선시대의 한글 보급과 실용에 관한 연구」, 『진단학보』 92, 2001

백두현, 「조선시대 여성의 문자 생활 연구」, 『제28회 구결학회 전국학술대회 발표논문
　　집』, 2003

백두현, 『현풍곽씨언간주해』, 태학사, 2003

세계문자연구회, 김승일 옮김, 『세계의 문자』, 범우사, 1997

송기중 외, 『한국의 문자와 문자연구』, 집문당, 2003

송철의, 「반절표의 변천과 전통적인 한글 교육」, 『제2회 한국어학회 국제학술대회 발표
　　집』, 2008

시정곤, 『응용국어학의 탐구』, 월인, 2006

시정곤, 「훈민정음의 보급과 교육에 대하여」, 『우리어문연구』 28, 2007

신명호, 『궁궐의 꽃, 궁녀』, 시공사, 2004

실시학사 고전문학연구회, 『역주 이옥 전집』 3, 소명출판사, 2001

안대회, 『조선을 사로잡은 꾼들』, 한겨레출판사, 2010

안병희, 「훈민정음 사용에 관한 역사적 연구」, 『동방학지』 46 · 47 · 48 합집, 1985

이민희, 『조선의 베스트셀러』, 프로네시스, 2007

이사벨라 버드 비숍, 이인화 옮김, 『한국과 그 이웃나라들』, 도서출판 살림, 1994

이상혁, 「조선후기 훈민정음 연구의 역사적 변천」, 고려대학교 박사학위논문, 1999

이숭녕, 「연산군의 시상의 고찰」, 『동방학지』, 1971

이운희, 「서당교육의 실제와 현대적 의의」, 『동양예학』 6, 2001

이현희, 「훈민정음」, 『새국어생활』 7-4, 1997

임용기, 「훈민정음」, 『문헌과 해석』 12, 2000

임형택, 「화폐에 대한 실학의 두 시각과 소설」, 『민족문학사연구』 21, 2001

정　광, 『훈민정음의 사람들』, 제이앤씨, 2006

정경일, 『한국 운서의 이해』, 아카넷, 2002

정명기, 「세책본소설의 유통양상」, 『고소설연구』 16, 2003

정병설, 「조선후기 한글소설의 성장과 유통—세책과 방각을 중심으로」, 『진단학보』 100,

2005

정병설, 「18, 19세기 조선의 매체 혁명과 그 파장」, 『21세기 한국학의 진로 모색』, 서울대
　　　학교 개교 60주년 및 규장각 창립 230주년 기념 한국학 국제학술회의, 2006

정순우, 「18세기 서당 연구」, 한국학대학원 박사논문, 1985

정연태, 「19세기 후반 20세기 초 서양인의 한국관」, 『역사와 현실』 34, 1999

정주리 외, 『역사가 새겨진 우리말 이야기』, 고즈윈, 2006

제임스 스카스 게일, 신복룡 외 옮김, 『전환기의 조선』, 평민사, 1986

주시경, 『대한국어문법』, 『역대한국문법대계』 1-7에 재록, 탑출판사, 1906

채제공, 「여사서서(女四書序)」, 『번암집(樊巖集)』

최경봉 외, 『한글에 대해 알아야 할 모든 것』, 책과 함께, 2008

최용기, 「세종의 문자 정책과 한글 진흥 정책의 미래」, 『제2회 한국어학회 국제학술대회
　　　발표집』, 2008

허동진, 「연산군의 언문금지란에 대한 재인식」, 『중국조선어문』 5호, 길림성민족사무위
　　　원회, 1996

홍윤표, 「훈민정음의 '상형이자방고전(象形而字倣古篆)'에 대하여」, 『국어학』 46, 2005

홍윤표, 「한국 어문생활사」, 『제2회 한국어학회 국제학술대회 발표집』, 2008

홍종선, 「한글문화의 세계화」, 『제2회 한국어학회 국제학술대회 발표집』, 2008

후지모토 유키오(藤本幸夫), 「일, 한 양국의 童蒙書에 대하여」, 『수교 40주년 기념 일한학
　　　술교류의 현황과 전망』, 제3회 일한인문사회과학학술회의, 2006

국립중앙박물관, 「한글 옛 소설」 전시회, 2009년 7월 24일~11월 1일

KBS 역사스페셜, 「조선판 공부의 신 왕세자 교육」, 2010년 3월 27일 방송